有故事的

汉字
文化课

YOU GUSHI DE
HANZI WENHUA KE

文化课

会意偏旁聊衣食　　王弘治 …………… 著

天 地 出 版 社 | TIANDI PRESS

图书在版编目（CIP）数据

会意偏旁聊衣食 / 王弘治著. — 成都：天地
出版社，2024.6
　（有故事的汉字文化课）
　ISBN 978-7-5455-8264-2

　Ⅰ．①会… Ⅱ．①王… Ⅲ．汉字—儿童读物
Ⅳ．①H12-49

中国国家版本馆CIP数据核字(2024)第054559号

HUIYI PIANPANG LIAO YISHI

会意偏旁聊衣食

出 品 人	杨　政	特约策划	少年得到
作　　者	王弘治	美术设计	霍笛文
总 策 划	陈　德	内文图片	视觉中国
策划编辑	李婷婷　曹　聪	内文排版	书情文化
责任编辑	曹　聪	营销编辑	魏　武
责任校对	卢　霞	责任印制	高丽娟

出版发行	天地出版社
	（成都市锦江区三色路238号　邮政编码：610023）
	（北京市方庄芳群园3区3号　邮政编码：100078）
网　　址	http://www.tiandiph.com
电子邮箱	tianditg@163.com
经　　销	新华文轩出版传媒股份有限公司

印　　刷	北京瑞禾彩色印刷有限公司
版　　次	2024年6月第1版
印　　次	2024年6月第1次印刷
开　　本	710mm×1000mm 1/16
印　　张	12
字　　数	160千字
定　　价	35.00元
书　　号	ISBN 978-7-5455-8264-2

前言

　　古人的劝学诗里有"书中自有千钟粟""书中自有黄金屋"的句子。这本来说的是读书可以换取功名利禄，格调不高。其实"书"在古代汉语里最早并不是书本的意思，而是指我们写的字。在这表示文字的"书"中，的的确确是有"千钟粟""黄金屋"的。古人衣食住行的方方面面，在汉字里都能找到原型。

　　衣，笔画稍作变形，就是衣字旁——"衤"，你再仔细观察一下这个部首，现在是不是能认出它的本来面目了？我国古人一向推崇衣冠士族的礼乐之风，穿衣戴帽不仅仅为了赏心悦目，更是为了彰显社会制度和行为规范。从"衣"这个字里，我们就能看到古人衣冠必须"右衽"的传统，也就是衣服的开襟必须是左压右，把衣怀的开口向着右边。在"衣"的字形里，有古人的坚持和较真儿。

　　食，大多数跟吃有关的字都有个食字旁——"饣"。从这个

"食"字，我们能看到古人的餐桌礼仪。在英语里，中国被称为"China"。英语单词"China"也有高级瓷器的意思。在西方的高级宴会上，主人必须使用高级瓷器（China）才能彰显出傲人的社会地位，以及对客人的尊重。"食"的古汉字，上半部分是一张张开的嘴，下半部分是一个盛满食物的"簋"的字形。簋这种东西，我们现在只有去博物馆才看得到，在古时候也不是所有人家都能用簋吃饭的。簋是王公贵族们才能使用的青铜器，是价值连城的宝贝。"食"里包含着"簋"，显示了"吃"对中国人而言是一件多么隆重的事，无怪乎说"民以食为天"呢！

　　住，人人都有一个家。家的部首是宝盖头——"宀（mián）"，跟住宅有关的字大都有这个部首。"宀"字的形状，是两根立柱支撑着一个屋顶。这个字代表着古人建筑文明的进步。古人最早的房子非常简陋，就是在一个地窖上部围一圈尖顶，这个叫"半地穴式建筑"。这种房子非常不好住，人烧火做饭会弄一屋子烟，开个天窗吧，一赶上下雨，家里就会变游泳池。而"宀"字代表的房屋样式表明，有了柱子支撑房顶，古人就可以在墙面上开窗了。"宀"字加上一个小窗户，就是古汉字"向"。从有汉字以来的三千年，中国传统的建筑基本都是在"宀"的样式上踵事增华，万变不离其宗。

　　行，古时候有身份的人出行都得坐车。"车"这个字的繁体，就是古代马车的俯视图，上下两横是两个轮子，当中方方正正的是坐人的车厢。古人爱车，跟现代人爱车是一样的心态，古人在造"车"字的时候便倾注了无限的热情。在甲骨文里，车出了事故——轮毂折了，车辕断了，古人刻文字的时候还会老老实实地把发生事故的部位反映出来，就仿佛古代有位交警为交通事故做了报告一样。

衣、食、住、行，就在一个个汉字幻化的中华文明的水滴里，折射出了古人生活的千姿百态！

祖先的帽子

　　本书的第一篇，我们从头讲起，说说代表古人帽子的汉字文化故事。对现代人来说，帽子就是整套服饰中的一个点缀，并不是非戴不可。可是对于古人，尤其是古代男子来说，帽子是一个人社会地位的象征，在生活中发挥着非常重要的作用。

我先说两个历史小故事，让你体会一下帽子对古人的重要意义。

汉武帝最怕的老师

第一个故事与汉武帝有关。汉武帝在当太子的时候，身边有一位非常刚正、严肃的老师，名叫汲黯。汲黯脾气耿直，从来不奉承主子。后来，汉武帝虽然正式即位当了天子，但在汲黯面前始终毕恭毕敬，不敢显露半点儿轻佻。

有一回，汲黯突然有事要进宫面圣。当时，汉武帝在内宫里，穿着便服，没有戴帽子。汉武帝听说老师要来，为了不让老师看到自己不戴帽子的样子，就赶紧让人把房间的帷帐放下来，隔着帷帐跟老师说话。

"君子死而冠不免"

第二个故事与孔子的学生子路有关。子路是一个直脾气的莽撞人，常常得理不饶人。他一旦觉得老师孔子有做得不合礼法的地方，就要当面指出。

后来，子路去卫国当官，卷进了卫国争夺君位的内乱。这事本来跟子路没有直接关系，可他就是不能对这种破坏礼制的胡作非为坐视不管，于是就去讨伐叛乱。然而子路虽然是好汉，却架不住坏人太多，身受重伤，最后连系帽子的缨穗都被敌人用兵器割断了。

子路说："我的老师孔子教导我，君子死的时候也不能不戴帽子。"于是，他扶正了头顶的冠帽，把断了的帽缨重新系好后，慷慨赴死。

我们从这两个故事就能知道，在古代，无论是天子，还是士人，帽子都是仪容仪表中特别重要的一部分。

古时候，帽子的种类特别多，对应的汉字的字形十分有特色。在这一篇中，我就挑与帽子对应的汉字来详细讲讲。

第一个汉字是"加冕"的"冕"，第二个汉字是"衣冠"的"冠"。我们在学习古代文化时经常会遇到这两个汉字。

你知道冕究竟是一种什么样的帽子吗？

其实，你在看古装剧的时候，如果稍加留意就会发现这种帽子。下面插图中的文物就是湖北钟祥梁庄王墓出土的冕冠。

冕冠，明代，湖北省博物馆藏

但是在古代，冕不是皇帝专用的帽子，而是贵族男子都可以戴的帽子。不过，具有不同身份等级的男子戴的冕也有区别。

你可以擦亮眼睛，努力数一数这顶冕前后一共垂下多少根线来。这种从冕上垂下来的线被称为"玉藻"。

在古代的礼制中，天子的冕有十二根玉藻。十二根玉藻，代表了皇帝至高无上的身份。

诸侯戴的冕，就只有九根玉藻了。插图中的冕冠就有九根玉藻。随着戴冕的人的身份等级逐渐降低，玉藻的根数也依次递减：上大夫七根，下大夫五根，到了最基层的贵族士这一级，所戴的冕上就只能垂三根玉藻了。

另外，冕是专门为宗庙祭祀准备的礼服中的帽子，天子和贵族平时都不会戴的。

天子或贵族戴上冕以后，就得特别小心地走路，不能让垂下的玉藻晃来晃去，失了体统。由此可见，冕对于天子和贵族倒有点儿像孙悟空头上的金箍儿，一旦戴在头上，就得时时刻刻注意收敛约束自己的行为举止，不可以乱来。我们在影视剧里有时会看到戴着冕的皇帝大步流星地走路，这显然是非常不靠谱的。

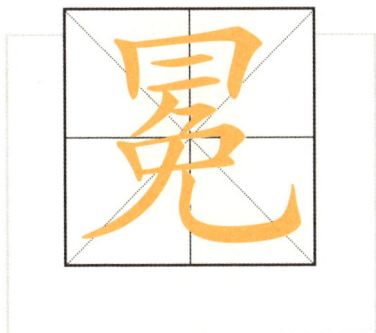

　　我介绍完冕这种帽子，就要详细讲解"冕"这个汉字了。"冕"字看起来不复杂，却特别容易写错。乍一看，"冕"是一个上下结构的字，下半部分是"免"。很显然，"免"是"冕"的声旁，一点儿都不复杂，怎么会容易写错呢？

　　你是怎么写"冕"的上半部分的呢？如果你把"冕"字的上半部分写成一个扁扁的"日"字，那你就写错了。

　　"冕"的上半部分其实也是一个常用字，它就是"帽"本来的写法。要是你写错了"冕"，那"帽"字你可能也容易写错。

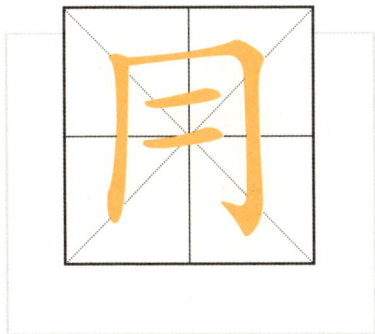

　　这个字的正确写法其实一点儿都不复杂，就是把"同"字里面的

部分换成两横。这个字念"冃（mào）"，跟现在的"帽"同音。你要注意这个"冃"字底下是不封口的，千万不能写成"日"。我们来看看"冃"的甲骨文是怎么写的。

甲骨文"冃"字　　　　　　　　　　战国文字"冃"

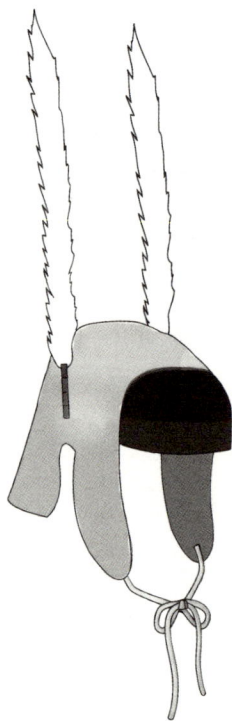

褐冠

请你比对插图中古代武士的帽子和甲骨文的"冃"字，你会发现"冃"是个象形字。甲骨文的"冃"字上头有两个弯钩一样的东西，应该就是帽子两边的装饰品，有可能是雉鸡的尾羽；另外，帽子两侧往下还有两块贴脸的东西，也被甲骨文生动地体现出来了。后来的战国文字省略了顶上的羽毛，跟楷书的"冃"字已经非常接近了。

现在你想想看，要是给"冃"字的下边封了口，就好比缝死了帽围，那还怎么戴在头上呢？你了解了这一点，以后就不会写错了。

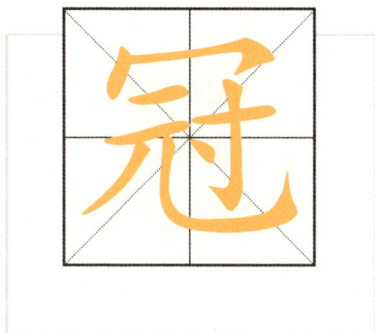

"冠"在古汉语里是对帽子的通称，因此"冠"的字形跟"冃"字有密不可分的联系。

了解"冠"这个汉字的关键是要看懂一个偏旁，就是顶上这个"冖"。它是有自己独立的发音的——"mì"。"冖"这个偏旁也叫"秃宝盖"，因为它比偏旁宝盖头"宀"少了那么一点。

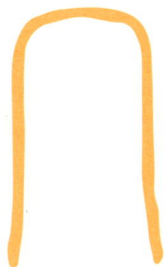

小篆体"冖"

汉字的偏旁大多是从独立的汉字演变来的，这个"冖"也不例外。你可能已经猜到，这个"冖"就是"幂"的本来写法。在现代的学校里，了解"幂"的意思多半不在语文课上，而是在数学课上。因为在数学中，"幂"就是乘方运算的意思。不过在这里，我作为一名语文老师要告诉你，汉字"幂"的本义是覆盖。

你来看看小篆中这个"冖"字的写法，好像一块轻纱从上面缓缓落下，就要盖到什么东西上的样子。我刚才讲的"冃"字外面有个不封口的框，这个不封口的框就是"冖"字。

帽子就是覆盖在头顶的东西嘛，所以在"冠""冕""帽"这几个字里都有"冖"。

我们讲完"冖"的真身，再回头讲"冠"的字形。"冠"字的下半部分中有一个"元"字，还有一个"寸"字。"冖"、"元"和"寸"，这三个字凑在一起，跟帽子有什么关系呢？

我在之前的篇章中讲过，"元"表示人头，而"寸"就是手的变形。秃宝盖"冖"字压在"元"的上面，就是把帽子戴在头上的意思。在甲骨文里，最早的"冠"字就只由"冖"和"元"两个部件组成。

甲骨文"冠"字　　　　　　战国汉字"冠"

你看插图中"冠"的甲骨文字形，底下"元"字的大头非常醒目吧。

"冖"字加"元"字组成了一个会意字来代表帽子，这已经很明显了，古人为什么还要加上一个代表手的"寸"字呢？

这就必须讲讲与帽子有关的古代文化习俗了。到了现代，"冠"这个字还有两个声调的读法，读阴平调的时候，当名词用，比如"冠（guān）冕堂皇"，就是帽子的意思。当读去声调的时候，"冠"字就当动词用，比如"勇冠（guàn）三军"。这个"冠"就是当第一名的意思。在"冠"的字形里加上一个代表手的"寸"字，表示戴帽子这个动作。

在古代，戴帽子这个动作很了不起吗？是的，这是因为，从先秦时代起，男子戴冠是成年的标志，这是贵族男子一生中一个重要的时刻。当贵族男子长到 20 岁的时候，家族就要为他举行隆重的冠（guàn）礼，请身份尊贵的长辈为他戴上帽子。现在有一个成语叫"弱冠之年"，指的就是男子到了 20 岁的年纪，弱冠的说法就是从冠礼这个习俗来的。

冠礼对古代男子来说意义重大，跟婚礼一起并称"冠婚"。举行完冠礼，长辈还要给男子起一个字，比如孔子字仲尼，曹操字孟德，刘备字玄德。长辈给起的这个字，就是冠礼的附赠品，同样是男子成年的标志。

冠礼的影响远及海外，直到今天，日本法定的成年年龄还是 20 岁，未满 20 岁的公民是不可以喝酒的。这就是日本受中国冠礼习俗影响而制定出来的法律。

现在你应该明白了，"冠（guàn）"表示戴帽子的动作，但这个"冠（guān）"并不是随随便便就往头上戴的，而是古人一项隆重的礼仪。

词性解析

冕

1.名词，本义，古代皇帝或者贵族戴的一种帽子。

《左传》："苟使我入获国，服冕乘轩，三死无与。"

2.名词，代指形状像冕的事物。

日冕。

3.名词，代指冠军。

成功卫冕。

冠

1.名词，本义，帽子，读 guān。

《史记·廉颇蔺相如列传》："王授璧，相如因持璧却立，倚柱，怒发上冲冠……"

2.名词，顶端、凸起，像帽子一样的东西，读 guān。

花冠、树冠。

3. 名词，公鸡头上的肉瘤或高出的羽毛，读 guān。

《聊斋志异》："旋见鸡伸颈摆扑，临视，则虫集冠上，力叮不释。"

4. 名词，古代男子 20 岁成年举行的加冠礼，读 guān。

《送东阳马生序》："既加冠，益慕圣贤之道，又患无硕师、名人与游，尝趋百里外，从乡之先达执经叩问。"

5. 名词，一场竞争、比赛中胜利者的称号，读 guàn。

冠军、夺冠。

6. 动词，戴帽子，读 guàn。

《战国策》："孟尝君怪其疾也，衣冠而见之，曰：'责毕收乎？来何疾也？'"

7. 动词，加在前面，读 guàn。

冠序、冠以题词。

8. 动词，成为第一，在……之首，读 guàn。

《汉书》："淮阴、黥布等已灭，唯何、参擅功名，位冠群臣，声施后世，为一代之宗臣，庆流苗裔，盛矣哉！"

古人的衣服怎么穿

古人着装，不仅要穿衣，还要戴冠，这是中国古代礼仪制度的一个重要体现，包含着非常深厚的文化意义。

我们在上一篇中已经讲过"冠"字，在这一篇中，我就展开讲解"衣"这个字背后隐藏的传统文化。

首先，我要详细讲解的是汉字里最容易搞错的两个偏旁部首——"衤"和"礻"。然后我再来详细讲讲用"衣"字做偏旁的几个汉字，我要通过这几个字的讲解消除一个误解——"表里不一"这个成语最初其实并不是用来批评人品格不好的。

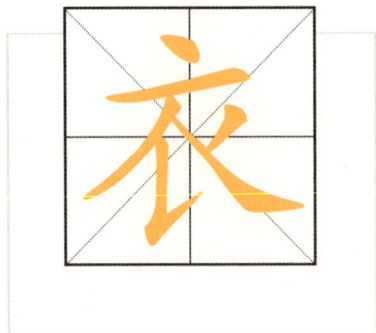

我们首先来看看"衣"是怎么变成"衤"的。

我们已经很难从现代汉字"衣"的字形中看出这个字跟人穿的衣服有什么关系了。但在古汉字里，它却是个标准的象形文字。古汉字从甲骨文到小篆经历了一千多年的历史，"衣"字的字形基本没有发生太大的变化。

"衣"字的演变过程

古人造字，一般都会抓住事物的特征来象形。你看插图中古汉字"衣"这个字反映了衣服的什么特征？是衣服的领子，还是向左右伸展的两只袖子？你如果仔细观察，就会发现，这个字最大的特点其实是下面像"心"字的一部分。它所象形的是什么呢？答案是古人衣服的开衩，或者说开襟，说白了就是衣服是怎么扣上的。

现代的衣服一般都有扣子或者拉链，而开襟一般是在衣服的当中。这种设计主要是近代以来受西方服饰的影响。

孔子像

那么，古时候的衣服既没有扣子，也没有拉链，古人是怎么扣上的呢？

在扣子还没被发明出来以前，古人是用腰带来系衣服的。你看插图中的孔子，他衣服上的领子是一边压在另一边上，形成一个小写的"y"字形，这就是开襟。人们用腰带把衣襟系牢，衣服就不会散开了。

后来扣子虽然被发明出来，但是中国人还是习惯在衣服的侧面开衩。你仔细看下面插图中清朝皇帝的龙袍——扣子全部缀在右边，没有放在中间。这是一种从先秦一直保留下来的服饰设计。

在中国文化里，衣服开衩的方向都是在右边。这种设计虽然约定俗成，却很有讲究，任何一个裁缝都不能改变开衽的方向。

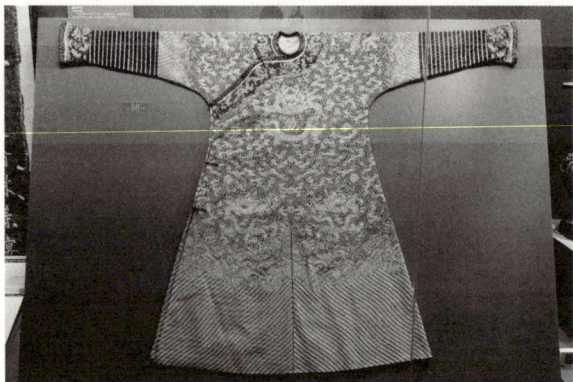

龙袍，清朝，首都博物馆藏

"微管仲，吾其被发左衽矣。"

孔子在《论语》里说过一句话："微管仲，吾其被发左衽矣。"这句话的意思是：如果没有管仲，我就要披头散发，穿着左面开衽的衣服啦。

管仲是春秋五霸第一霸齐桓公的大臣，也是辅佐齐桓公开创尊王攘夷霸业的大功臣。春秋时，大批的外族部落入侵中原，老牌的诸侯国卫国甚至一度被灭国了。管仲辅佐齐桓公联合诸侯，抵御外族侵略，立下了汗马功劳。当时的外族风俗跟中原不同，比如中原百姓的衣服都是右衽，而外族人的衣服都是左衽。

所以孔子说的"微管仲，吾其被发左衽矣"这句话，是在夸管仲推行尊王攘夷，否则中原文明就要被外族的风俗取代了。

"衣"这个字是怎么变成"衤"的呢？不管是做单字，还是做偏旁，"衣"的写法都是一样的。

小篆体"被"字　　　　　　　　　秦系简牍文字"衣"

请你仔细观察上面插图中的汉字。请你特别仔细观察"被"字。这是李斯写的："衣"做偏旁的时候除了被写得窄了一点儿，跟"衣"字没太大区别。

古汉字发展到隶书这一阶段，"衣"和"衤"才逐渐分道扬镳，差别越来越大。你仔细对照插图中的古汉字"衣"和"衤"，会发现二者主要有两点差别：首先在变成"衤"后，"衣"字左下角向右去的这一钩在"衤"里消失了；第二，右下角的一撇一捺在"衤"里越写越小。

我学写字的时候曾有个疑惑：为什么"衤"和"礻"明明就只有一个点的笔画区别，叫法却完全不同？后来，我学习了古汉字，明白了"衤"原来就是"衣"字小小的变形，万变不离其宗。

甲骨文　　小篆体　　隶书

示　示　示

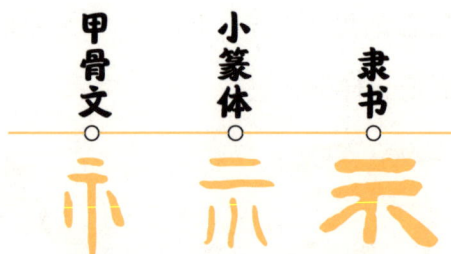

"示"字的演变过程

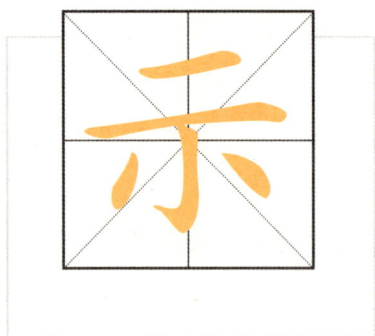

示

插图里的"示"的古汉字和"衣"的古汉字不仅在字形上差别很大，意思也完全不同。

带"衤"的字当然跟服饰等纺织品相关，比如"被子"的"被"、"袖子"的"袖"、"裙子"的"裙"等等；而带"礻"的汉字都跟神鬼有关，比如"神仙"的"神"、"福气"的"福"、"俸禄"的"禄"等等。

你把"礻"和"衤"的字形来源和意思差别综合起来理解、记忆，在写字的时候就不会搞错了。

甲骨文 小篆体 汉印篆书

"裘"字的演变过程

大家再来学习一个跟"衣"字特别像的古汉字。它跟"衣"字只有一点儿小小的差别，仿佛是"衣"字的开襟上长出一撮撮的毛来。

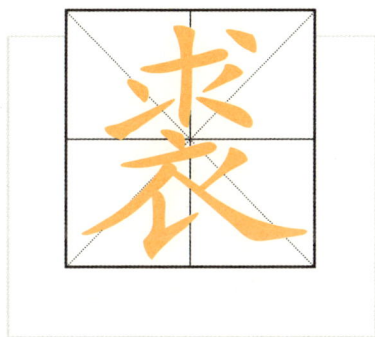

请你仔细观察插图，这个字就是"裘皮"的"裘"字。"裘"指的是动物毛皮做的衣服，东北人到了冬天爱穿"貂"，貂皮其实就是裘皮的一种。此外，陕北农民的羊皮袄也是一种裘。《诗经》里多有描绘贵族穿羊羔皮做的羔裘的诗句，这羔裘大概就是羊皮袄的前身。

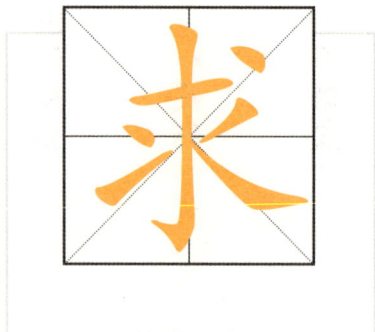

"裘"原本是一个象形字，意思是毛茸茸的衣服。后来，古人加上当声旁的"求"字，使"裘"变成了形声字。

金文"求"字

不过，"求"字的古汉字看起来也很像裘皮大衣毛茸茸的样子。裘皮是把动物的皮毛翻在外边的，古人根据这个特点，又利用"衣"和"毛"这两个字造了下面这个新的会意字。

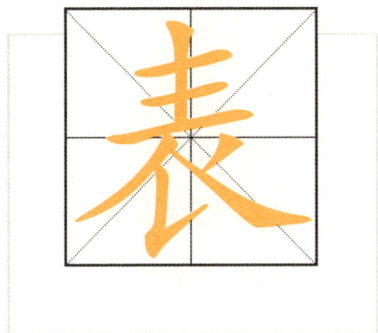

"表"这个字本来是"衣"字中的"一撮毛"，后来把"衣"字的上半部分省略了，就变成了现在的字形。

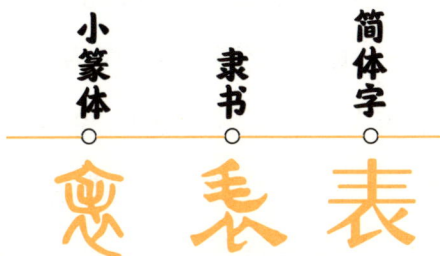

"表"字的演变过程

"表"的本义就是衣服带毛的那一面，也就是朝外的一面。因此，在"外表"一词中，"外"和"表"其实是一个意思。

在表示亲戚的称呼中，"表亲"一般指舅舅、姨妈这样的亲戚，这些亲戚都是外姓。你跟自己的表哥、表姐、表弟、表妹一般都不是一个姓吧？所以，"表亲"这个词就是外姓、外亲的意思。

表里不一的刘虞

在古汉语里,"表"的反义词是"里"。成语"表里不一",现在的意思是指某些人说一套做一套,特别虚伪。后汉三国的时候,刘备的老上司幽州刺史刘虞,一向以朴素节俭的形象受到当时人的称赞。刘虞戴的冠旧了,破了一个洞,他就把冠上的破洞补一补继续戴。

后来乱世纷争,白马将军公孙瓒夺取了幽州,杀了刘虞。公孙瓒去抄刘虞的家,发现一向以朴素示人的刘虞,竟然给家里的姬妾们穿华丽的锦缎做的衣服,戴豪华的珠宝首饰。原来刘虞这个人在家里和家外完全是两种做派,表里不一。幽州的老百姓这才觉得自己受到了蒙骗。

用"表里不一"形容人,肯定不是好话。但是从"表"和"里"的本义来说,"表里不一"只是一个普遍的客观事实而已。古人的服装,特别是贵族的服装,一般都是表里不一的。我们刚才讲到的裘皮,就是表面有毛,里面没毛,这就是表里不一啊。即便一般的丝麻纺织品,面子和里子也是不一样的。

《诗经·邶风·绿衣》一诗中有这样一句:"绿兮衣兮,绿衣黄里。"诗中的"绿衣"是指一件女子穿的衣服,外面是绿色的,里子是黄色的。这就是标准的表里不一。

直到今天,我们穿的外套,无论是西服还是羽绒服,面子和里子用的料仍然是完全不同的。所以,你只要注意到衣服里外料子有差别,就一定能理解"表"这个字原来是跟"衣"字有关,表示衣服的外面。

词性解析

表

1. 名词，本义，外衣。

《礼记》："非列采不入公门，振绤（chī）、绤（xì）不入公门，表裘不入公门，袭裘不入公门。"

2. 名词，外面。

《左传》："若其不捷，表里山河，必无害也。"

3. 名词，外表。

徒有其表、表层皮肤。

4. 名词，榜样。

《礼记》："仁者，天下之表也；义者，天下之制也；报者，天下之利也。"

5. 名词，标志。

《荀子》："君法明，论有常，表仪既设民知方。"

6. 名词，给皇帝看的奏章。

《出师表》："今当远离，临表涕零，不知所言。"

7. 名词，用表格形式排列事项的书籍或文件。

《报任安书》："上计轩辕，下至于兹，为十表，本纪十二，书八章，世家三十，列传七十，凡百三十篇。"

8. 名词，作为标记的木柱。

《吕氏春秋》："吴起治西河，欲谕其信于民，夜日置表于南门之外，令于邑中曰：'明日有人偾（fèn）南门之外表者，仕长大夫。'"

9. 名词，表亲。

表兄弟、表姑、表嫂。

10. 名词，石碑。

《汉书》："臣闻月者，众阴之长，销息见伏，百里为品，千里立表，万里连纪，妃后大臣诸侯之象也。"

11. 名词，计时的器具。

钟表、手表、秒表、电子表。

12. 动词，表扬。

《石鼓歌》："周宣大猎兮岐之阳，刻石表功兮炜煌煌。"

13. 动词，表白。

《史通》："斯则圣人之设教，其理含弘，或援誓以表心，或称非以受屈。"

14. 动词，启奏。

《三国志》："初，亮自表后主曰：'成都有桑八百株，薄田十五顷，子弟衣食，自有馀饶……'"

15. 动词，用药物把风寒发散出来。

表寒、表汗。

| 32 |

饼不是饼，
饭不是饭

有一句成语说得好："民以食为天。"无论到了哪一朝、哪一代，吃饭对于老百姓而言都是头等大事。如果你曾看过纪录片《舌尖上的中国》，你就会知道中国的老百姓在吃饭这件事上能翻出多少花样来。我们这一篇只能简要地讲讲几个重要的跟吃有关的汉字。这些汉字有的与正餐主食相关，有的非常形象生动，我想你会感兴趣的。

很多跟吃有关的汉字，比如"饮""饥""饿""饱"，或者"饭""饼""饺"等，都有一个必不可少的偏旁——"饣（shí）"。"饣"相比于"食"这个字来说已经简化了。我在这一篇的后面会详细讲讲"饣"这个偏旁的来历，现在先来讲讲古汉字"食"体现出来的中国传统饮食文化。

甲骨文"食"字

插图中的两个甲骨文都是"食"字。这个字上面的三角形是在象形一个张开的大嘴，下边的部分是在象形一个容器里盛满了食物，都冒尖了。这两个部分合在一起就形成了会意字——"食"，表示吃东西的意思。这个字形看起来平平无奇，实际上有特别之处，秘密就在"食"字的下半部分。这象形的食器并不是一般的碗碟，而是一件非常重要的礼器——簋（guǐ）。

青铜簋，西周，辽宁省博物馆藏

请你仔细观察上面辽宁省博物馆的一件镇馆之宝——青铜簋。它是西周时期的一件青铜器，是非常珍贵的文物。在古代，簋是祭祀时盛粮食的礼器。周代的礼制等级森严，规定天子祭祀用九鼎八簋，诸侯祭祀用七鼎六簋，卿大夫祭祀用五鼎四簋，士祭祀用三鼎两簋。古人用簋来盛食物，绝对不是日常行为，而是一个重要的祭祀礼仪。

孔子食不厌精

《论语·乡党》的开篇讲到了孔子对"食"有很多规矩。孔子不仅不食不新鲜的食物，对食物还有很多讲究：烧的火候不对，不食；不是时令的食物，不食；肉切得不好，不食；如果与肉搭配的酱不合适，也不食。这就叫食不厌精！如果你认为孔子是在穷讲究、瞎摆谱，那就大错特错了。孔子之所以对"食"这件事如此郑重其事，是因为它是古人饮食礼仪制度中非常重要的一环。

你了解了这些，应该就能理解"民以食为天"这句成语的意义，它并不只是指百姓填饱肚子的重要性，更是在概括中国饮食文化的深远意义啊。

王羲之写的"食"字

那么"食"这个字是怎么简化成"饣"的呢？这个简化的写法古已有之，是根据汉魏的草书写法定形的。你看看王羲之是怎么写"食"字的就明白了。

我们接着来讲两个以"饣"为偏旁的汉字："饭"和"饼"。

"饭"是形声字，字形很简单。在古汉语里，"饭"有两个主要的意思：一个就是用粮食煮成的饭，比如小米饭、大米饭。在南方，人们说"吃米"就是指吃饭。"饭"的第二个意思就是现代汉语中一顿、一餐的意思。

《礼记》中的饮食礼仪

传说，是黄帝最早教会老百姓把五谷蒸煮成饭的。不过，古人吃饭的方式跟现代人有点儿不一样：现代人吃饭要用筷子或者勺子这些餐具；而古人吃饭，是用手抓。《礼记》里记录了古人用餐时的一些礼仪、规矩，其中一条规矩叫"共饭不泽手"。这个规矩的意思是说一个人与伙伴分享饭食的时候，手得干净，不能沾上脏东西。《礼记》还记述了另外一条规矩，叫作"毋抟（tuán）饭"，意思是说别用手在簋中捏饭团，这样会显得你多吃多占。我们由此可见，手抓饭的吃法在先秦就有了。

"一饭三遗矢"

在现代社会，要是有人说"我请你吃饭"，那肯定不会光请你吃一盆米饭，还会请你吃菜、喝汤，意思就是说请你吃一顿饭。古人也这么说，一饭就是一餐。《史记》中记载着这样一个典故：赵国的奸臣郭开为了阻止赵王起用老将廉颇，就故意撒谎说廉颇吃一顿饭的工夫，就上了三回厕所。这就是"一饭三遗矢"的典故。

古人的用餐制度

我们现在都习惯了一天吃三顿饭，有时还会加顿夜宵。这要是放在古代，则是天子才能享有的待遇。汉代有本《白虎通》，里面有一段总结古人用餐制度的话：王者天子早上起来吃一顿，叫"平旦食"；中午时再吃一顿，叫"昼食"；黄昏时吃一顿，叫"晡食"；到了晚上还有一顿，叫"暮食"。这四顿饭合起来被称为"四饭"。诸侯一天享有三饭，大夫以下就都是一天吃两顿饭了。古代普通老百姓能一天吃上两顿饭，就得谢天谢地了。这种一天吃两顿饭的风俗在有些地方的方言里还有保留，比如苏州人把中饭叫作"点心"，意思就是中饭不算正餐，这可以算是古之遗风了。

饼

在中国，南方人爱吃米饭，北方人爱吃面食。在古汉语里，"饼"这个字原来就是面食的总称。东汉有一本书叫《释名》，它是一本解释万事万物命名来源的奇书。《释名》是这样解释"饼"这个字的：饼就是古人用或蒸或煮或烤或炸的方法把水和麦粉调和在一起做成的东西。你听了这个解释，可能会觉得有些不可思议。我给你讲两个跟饼有关的"三国"小故事，你就能理解古人吃的饼到底是什么了。

何晏的"粉面"人生

这个故事发生在三国时的美男子何晏身上。何晏原来是东汉末年的大将军何进的孙子，后来被曹操收为养子，长大以后就成了曹魏朝廷里的显贵人物。何晏非常注重自己的外貌，不管走到哪儿都带着镜子，随时随地都要看到自己的脸。何晏的皮肤很好，白里透红，人们都以为他搽了粉，化了妆。有一回，魏文帝曹丕想试试何晏的皮肤是不是真的白，就在夏天最热的农历六月把何晏叫到宫里来吃热汤饼。何晏吃得满头大汗，用袖子去擦脸。曹丕发现何晏的皮肤是越擦越白，不仅没掉粉，反而更有光泽了。在这个故事里，何晏吃的热汤饼其实就是热面条。

曹爽的最后一顿面条

第二个故事讲的是曹魏末年司马懿发动了政变，把原来把持朝政的曹爽兄弟给扳倒了。曹爽一家被司马懿软禁在自家府里，惶惶不可终日。司马懿为了稳住曹爽，派人给曹府送去许多面粉。曹爽的厨子就用面粉做了热汤饼。曹爽这个人目光十分短浅，竟然感慨道："司马懿对我还是有情分的。在这种境遇中，我还可以吃热汤饼啊。"结果没过多久，司马懿完全控制朝廷后，立马就以谋反的罪名把曹爽一族尽数诛灭了。我们从这个故事可以看出来，面条这种食物还是很受皇帝和贵族青睐的。

我在关于五谷的汉字故事中提到过，我们的祖先种麦子，一开始并不懂得把麦子磨成粉，直到汉代，古人掌握了这个技术，面食才逐渐流行起来。西晋大学问家束皙专门写过一篇《饼赋》来描写面食的神奇之处。这篇有趣的文章中提到了面食的各种做法，而做出来的五花八门的面点被统称为"饼"。其实，"饼"作为面食的统称一直沿用了很久。比如《水浒传》里武大郎卖的炊饼其实就是蒸的大白馒头，而不是芝麻大饼。炉子烤出来的芝麻大饼，最早被称为"胡饼"。"胡饼"里有个"胡"字，顾名思义，胡饼是从胡人那儿传入中原的。

《饼赋》破了"千古谜案"

束皙在《饼赋》里明确提到：饼这样东西是在离束皙生活的年代并不久远时出现的。所以在东汉以前的古书中，"饼"这个字几乎是不存在的。但是一本记载了西汉历史诸多细节的古书《三辅黄图》却提到：西汉初年，刘太公跟着儿子刘邦到关中长安以后，成天思念老家的老兄弟，郁郁寡欢。刘邦为了让老爸高兴，就在关中造了一座新城，把老家那伙杀猪、卖酒、做饼的小商小贩都迁来，让刘太公在这座新城里感觉就像回到了家乡一样。你一定也注意到了，按《饼赋》的说法，汉高祖的时代大概是没有卖饼铺子的吧。所以真相只有一个：《三辅黄图》一定是后来人伪造的！你看，一个不起眼的"饼"竟然破了一桩"千古谜案"，是不是很有趣？

词性解析

食

1. 名词，本义，饭食，读 shí。

《战国策》："孟尝君使人给其食用，无使乏。"

2. 名词，粮食，读 shí。

《卖炭翁》："卖炭得钱何所营？身上衣裳口中食。"

3. 名词，食物的通称，读 shí。

《乐羊子妻》："妾闻志士不饮'盗泉'之水，廉者不受嗟来之食，况拾遗求利，以污其行乎！"

4. 名词，俸禄，读 shí。

《论语》："君子谋道不谋食。耕也，馁在其中矣；学也，禄在其中矣。君子忧道不忧贫。"

5. 名词，通"蚀"，亏损，读 shí。

《史记·货殖列传》："以物相贸易，腐败而食之货勿留，无敢居贵。"

6. 动词，特指月蚀，读 shí。

《周易》："日中则昃，月盈则食，天地盈虚，与时消息。"

7. 动词，吃，读 shí。

《战国策》："长铗归来乎！食无鱼。"

8. 动词，赖以为生，读 shí。

《汉书》："安世尊为公侯，食邑万户，然身衣弋（yì）绨（tí），夫人自纺绩……"

9. 动词，享受，读 shí。

《论衡》："居右食嘉，见将倾邪，岂能举记陈言得失乎？"

10. 动词，耕种，读 shí。

《礼记》："我死，则择不食之地而葬我焉。"

11. 动词，违背诺言，读 shí。

《尚书》："尔无不信，朕不食言。"

12. 动词，采纳，读 shí。

《盐铁论》："扁鹊不能治不受针药之疾，贤圣不能正不食谏诤之君。"

13. 动词，通"饲"，喂，读 sì。

《战国策》："左右以君贱之也，食以草具。"

14. 动词，宴请，读 sì。

《周礼》："飧食、宾射，共其膳羞之牛。"

开荤不吃肉，
腥是好味道

你有没有想过：为什么明明家里餐桌上的荤菜都是大鱼大肉，可是"荤"字却有一个"艹"呢？还有，我曾在前面的篇章中提到过，有月字旁的汉字一般跟身体、肉相关，可是"腥"这个字大多数时候指的是鱼的气味。"荤"和"腥"这两个汉字中到底隐藏着多少有趣的故事呢？我们一起来探索吧。

"荤"是一个形声字，下面的"军"字是表读音的声旁，上面的"艹"是表造字意义的形旁。这个"艹"可不是古人一时兴起随便乱写的，而是真正反映了"荤"这个字最原始、最根本的意思。起初，"荤"字的确跟肉没关系。那么，"荤"字最初到底代表什么东西呢？

"五荤"与"三厌"

你知道"猪八戒"这个名字是怎么来的吗？原来啊，天蓬元帅被贬下凡以后就做了个没出息的吃人妖怪，幸亏遇到了观音菩萨，才被安排上取经大业。这头野猪精得到了点化，皈依了佛门。老猪既然做了佛门弟子，就得遵守清规戒律。和尚在吃东西上有很多忌讳，老猪只好戒了五荤三厌，改吃五谷素食。所以师父唐僧就指着"五荤三厌"这八条戒律，给老猪起了"八戒"这个诨名。

　　和尚戒了五荤三厌就等于从此不吃肉吗？这话说得不准确。五荤三厌里的确有肉食，修道之人把天上飞的、地上跑的和水里游的称为"三厌"。在古汉语里，"厌"有吃饱、满足的意思。孟子曾说，"七十非肉不饱"。因为"非肉不饱"这个特别的说法，后代就用表示吃饱的"厌"字来当肉的代称了。那么"五荤"又指什么呢？汉代的《说文解字》说："荤，臭菜也。"臭菜指的是有强烈刺激性气味的菜，现在你能理解"荤"字为什么带一个"艹"了吧。五荤，就是古人总结的五种味道比较"冲"的蔬菜——蒜、葱、薤（xiè）白、韭菜和芫荽（yán suī）。

蒜

葱

薤白

韭菜

芫荽

五荤蔬菜

以上几种蔬菜都是厨房里、饭桌上的常见菜，为什么猪八戒要当出家人，就得戒这五荤呢？如果你闻过别人嘴里的大蒜味道，就明白其中的道理了。葱也一样不招人喜欢，无论小葱还是大葱，味道都很特别。薤白呢，可以用来做腌菜藠（jiào）头，作为一种发酵食物，那气味更是让人一言难尽。韭菜的味儿比葱、蒜都奇怪，如果你午饭吃的是韭菜饺子，到了下午的时候打个嗝，那气味估计连你自己也接受不了。而芫荽，就是俗称的香菜，是西汉时候张骞通西域带回中原的。芫荽的味儿虽然不像大蒜、韭菜那么冲，但它那股神奇又独特的味道让很多人难以接受。这五荤的气味甚至会影响正常的社交。

不过古人对五荤的禁忌，除了因为味道不能接受，更多的是跟天地神明有关。古人在重大祭祀之前，都要沐浴斋戒。古人吃斋不单单是吃素，也不能碰气味大的荤菜。

颜回敢问心斋

《庄子》里有个故事：孔子最有出息的弟子颜回来向老师请教为什么自己最近在精神上的进步不大。他希望老师孔子能为他指点迷津。孔子说："可以，你先斋戒一下，我就把精神修炼的秘密告诉你。"颜回说："我是个穷人，在家几个月都没沾过一滴酒，也没碰过一次荤菜，这可以算是斋戒了吧。"

我们从颜回的话可以得出这样的结论：荤菜是斋戒的大忌。在古人的心目中，神明喜欢的味道是美酒的醇香、烤肉的馥郁，而五荤的臭味是绝不能上大雅之堂的。后来的出家人还讲究在念经的时候不能有太重的口气，所以就更不能随便吃荤菜了。直到今天，严守戒律的和尚、道士还是不吃葱、蒜这些属于五荤的蔬菜。

"梁有天下，不食荤"

"荤"既然自来就顶着个"艹"，后来怎么又变成表示大鱼大肉的字了呢？这种变化大约在南北朝时就已经产生了。南北朝时出了个最信佛教的皇帝——梁武帝萧衍。佛教禁止杀生，但是最早的佛教戒律并没有禁止和尚吃肉——只要这肉不是特意为和尚杀生得来的，和尚就能吃。梁武帝信佛简直到了走火入魔的地步，认为吃肉毕竟还是有违慈悲，于是就下令不准屠宰吃肉。古书里说："梁有天下，不食荤，荆自此不复食鸡子。"鸡子就是鸡蛋。梁朝不吃的荤甚至包括鸡蛋，这就说明那时"荤"的意思已经从蔬菜扩展到动物蛋白质。

腥

"腥"这个字的意思可复杂了，光字的结构就有两种不同的说法：一种说法认为它是形声字，另一种说法认为它也可以是个会意字。

"腥"当形声字，一般就是指气味不好闻。不过呢，"腥"并不专指鱼腥，最早说得比较多的是血腥味。

《山海经·大荒北经》

《山海经》里说，怒触不周山的共工手下有一个大臣叫相柳。相柳长相非常凶恶，是一条长着九个脑袋的大蛇。他走到哪里，哪里就会变成一片污泥沼泽。后来大禹治水的时候，就把相柳这个害人的妖怪给杀了。然而，相柳的脖子里流出来的血有一股特别的腥味，他的血流到哪里，哪里就没法再种庄稼了。

刚被屠宰的动物尸体上也有血腥味，所以古人也用"腥"字表示生肉。《论语》里就提到，国君会赐腥给臣子。这个"腥"指的就是生肉。臣子把它拿回家煮熟了再供奉给祖先。"荤腥"一词就是从这个文化习俗中来的。我们现在说"沾荤腥"，就是指吃肉了。

"腥"肉与寄生虫

然而，有时候"腥"也特指一种千万不能吃的肉。《说文解字》里说："腥"是猪肉里长的一粒粒星星点点的小息肉。《说文解字》的这个解释就把"腥"当成了一个会意字。这种猪肉里的小息肉被古人叫作"米猪肉"。其实，米猪肉就是长了寄生虫幼虫的猪肉。这种猪肉要是被人吃进肚子里，有可能会长成几米长的绦虫。绦虫的样子跟妖怪相柳还有几分相像呢，你说可不可怕？现代社会有食品安全检疫制度，所以人们在正规的市场上不可能买到这种"腥"肉，但在古代，这种肉可是司空见惯的。

"腥肉"与古迹遗址

这长着"腥"的米猪肉其实还有意想不到的功用，我讲一个考古的小故事能很好地佐证这一点。这个故事发生在日本九州岛的太宰府。从前中国的使臣到日本去，都会先在太宰府的驿馆里休息，然后再去京都。到 20 世纪的时候，日本学者开始发掘太宰府的遗址，从前的建筑都已经化为平地了，考古学家也没有古代地图可以国的烤肉才是源远流长的吃法。何以为证？证据当然就是汉字。有个专门的汉字表示烤肉的意思——"炙"。"炙"是一个会意字，上面是"肉"，下面是"火"。现在的字形已经不容易看出这字的上半部分是肉，但从古汉字字形来看还是一目了然的。

秦代隶书"炙"字

你可能学过一个成语叫"脍炙人口"，比喻美好的作品被人人传颂。在古汉语里，这个"脍"字表示切成薄片的生肉或者生鱼。日本料理里有生鱼片，有时还有生牛肉片，那都是中国古代"脍"的做法。"脍炙人口"这个成语有一个典故，能间接地反映出中国古人有多爱吃烤肉。

参考，考古工作进行得不是很顺利。可是，古代中国使臣当年住的驿馆居然被精确地挖出来了。这是怎么做到的呢？

原来，日本的考古学家挖到了一个古代粪坑，这里面堆的都是已经干透了的古人粪便。考古学家利用显微镜，从这些粪便里发现了猪肉绦虫的幼虫。要知道，日本自从佛教流行之后（大约在公元675年），天皇就下令禁止全民吃肉，因此日本考古学者在一个相当于唐宋时期的粪坑里发现了密集的猪肉寄生虫，就顺理成章地推测出这个地方在当时应该住着外国人。他们由此推理出太宰府的中国使臣驿馆就在这里。你看，吓人的"腥肉"居然能在一千多年后帮助日本考古学者找到古迹遗址呢！

词性解析

荤

1. **名词，本义，指葱、蒜等气味比较刺激的蔬菜。**

《庄子》："回之家贫，唯不饮酒不茹荤者数月矣。"

2. **名词，指肉类食物。**

荤膻、荤臊。

腥

1. **名词，本义，指肉类的臭气。**

《列子》："化人以为王之宫室卑陋而不可处，王之厨馔腥蝼而不可飨，王之嫔御膻恶而不可亲。"

2. **名词，病猪肉里的息肉。**

《周礼》："豕盲视而交睫，腥。"

3. **名词，生肉。**

《论语》："君赐腥，必熟而荐之。"

4. 名词，带腥味的食物。

荤腥、腥膏。

5. 形容词，丑恶的。

《尚书》:"弗惟德馨香祀，登闻于天，诞惟民怨，庶群自酒，腥闻在上。"

6. 形容词，生的。

腥鱼、腥鲜。

古人都爱吃烤肉

肉食是我们人类最重要的蛋白质来源。我在前面的篇章中曾讲过，现在汉字里的月字旁在绝大多数情况下都代表肉的意思。"月"字怎么会跟"肉"字混在一起呢？在这一篇中，我会把这个问题讲清楚。另外，我们还可以研究一下汉字里的食谱，看看古人都是怎么吃肉的。

"肉"是一个象形字。在甲骨文里，它的样子像一大块切下来的肉。它跟"月"字还是有很大区别的。

甲骨文"肉"字　　　　　　甲骨文"月"字

请你仔细观察插图中的两个甲骨文的写法，"肉"字和"月"字写法完全不同，很容易区分。可是到了战国时代，这两个字却越变越像，尤其是在当偏旁的时候，简直如出一辙。

战国汉字"肉"　　　　　　战国汉字"月"

现代汉字"肉"和"月"的不同写法是从小篆体继承来的。"肉"和"月"的写法本来已经相差无几了，但是发展到小篆体，古人竟硬生生地做出了一点儿小小的区分：把"月"字当中的两横写得稍微平顺些；把"肉"字当中的两横故意给折一下。这个折的笔画后来就变成仿佛是上下两个"人"字的写法了。

小篆体"肉"字　　　　　　　　　小篆体"月"字

当"月"和"肉"做偏旁的时候，现代的写法已经完全"合并同类项"了，就是一个月字旁。这倒是符合了这两个字从战国以来发展变化的趋势。但是古人认为月亮和肉的意思差别很大啊，代表这两个字的字形一定要有明显的区分，绝不能混在一起。在造字的过程中，古人的执拗难免闹出笑话。历史上有一个著名的错误，就是因为古人强行区分"月"字和"肉"字的写法造成的。说不定你以后在学中国古代历史的时候也会碰到这个错误，我在这里先给你"剧透"一下。

错把"月氏"读"肉支"

《史记》里记载，汉武帝派张骞出使西域，最初的目的是去联合大月氏部落来对付匈奴。这个大月氏部落的名字很奇特，它里面这个"氏"字，读成支持的"支"，却写成姓氏的"氏"。这是汉朝留下来的古音。到了宋代，宋朝人认为既然月氏的"氏"的读法不合常理，那这个"月"字多半也有问题。他们猜想之所以出现这种情况，一定是有人把字形搞混了，这个"月氏"应该读"肉支"才对。从此，宋朝人就给"月氏"注了个"肉支"的读音。后来很多人都盲从这个读法，直到今天，许多人，甚至有些大学老师都会把"月氏"错读成"肉支"。其实把"月氏"读成"肉支"完全是强行区分、矫枉过正的读法。

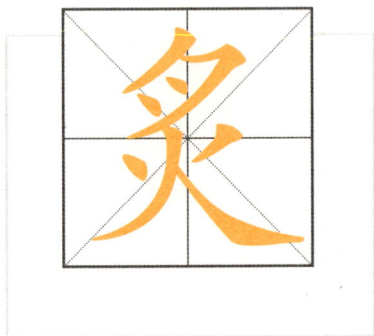

炙

我们说完"月"和"肉"的字形，再来说说古人如何吃肉。古人最爱吃的就是烤肉，也就是现代外国人口中的 BBQ（户外烧烤）。在现代的大城市里，烤肉店大多是韩式或者日式风味的，但其实中

"脍炙人口"的典故

孔子的学生曾参是个大孝子。他的父亲生前爱吃一种叫羊枣的水果。后来父亲去世了，曾参一看见羊枣就睹物思人，伤心难受，所以就再也不吃羊枣了。后来，这件事被儒家后人传为孝子的美谈。孟子拿这件事教育自己的学生。他的学生里有个"杠精"叫公孙丑。公孙丑举手问老师："请问先生，是脍炙好吃还是羊枣好吃？"孟子说："那当然是脍炙好吃啦。"公孙丑接着问："曾参的爸爸肯定也爱吃脍炙，那为什么曾参就单单不吃羊枣，没说不吃脍炙呢？"这就是抬杠啊。孟子想了想说："脍炙人人都喜欢吃，而吃羊枣只是曾参父亲个人的癖好，这不能混为一谈。"

我们从孟子的回答就能了解到中国古人都爱吃脍炙。而好的文学作品人人都爱读，就像脍炙人人都爱吃一样，这就是成语"脍炙人口"的来历了。

王羲之与牛心炙

炙这种烤肉吃法从先秦一直流传到魏晋南北朝，依旧是贵族的最爱。大书法家王羲之就是通过一顿烤肉扬名立万的。王羲之13岁的时候，到一位叫周颙(yǐ)的大官家里去做客。周颙是王羲之的堂叔王导的好朋友，也是当时朝廷里最受人推崇的一位名士。这一天来了好多客人，周颛就准备了一头牛做烤肉来招待大家。东晋人觉得整头牛身上最好吃的是牛心炙。仆人们烤好牛心端上来后，周颛亲自操刀切肉，把第一份给了王羲之。酒席上的达官贵人一看，名士周颛如此器重这个 13 岁的少年，一下子都对王羲之另眼相看。所以，王羲之成为千古风流人物的第一步，就是从一片牛心炙开始的。

炮

古人除了直接把肉放在火上烤，还有一种特别的烤法——炮。"炮"这个字读第二声，跟读第四声的"大炮"的"炮"虽然是一个字，但意思完全不同。"炮"这个字既是一个形声字，又是一个会意字。"包"是"炮"的声旁，同时也是这种烤肉的做法——把东西包起来烤。

"八珍"里的第一道菜

《礼记》这本古书记载了先秦古人最稀罕的八种菜式，号称"八珍"。这八珍中有一道菜，就叫"炮"。炮这道菜一共有三道工序。首先，杀一头乳猪或者羊羔，掏干净它的内脏。用芦苇编的草席将其包裹起来，外面涂上和好的稀泥，然后放在火上烤，一直烤到稀泥全都干透。这道工序就叫作"炮"。炮完了以后，把泥坯砸开，把烤好的猪肉或者羊肉再放进油里煎。煎完了以后，分切开来，放进小鼎隔水蒸上三天三夜，然后就可以蘸酱吃了。我读着古书里的记录都能想象出炮这道菜有多美味。

在现代的餐厅里，厨师把食物包裹起来烤的烹饪方法并不少见。杭州西湖边的楼外楼酒家有道名菜"叫花鸡"，厨师就是用荷叶包了鸡肉，外面再裹一层泥烤出来的。上菜的时候，服务员端上来的就是一个大泥疙瘩，你得用榔头敲开泥壳才能闻到烤鸡的香气。这跟《礼记》里讲的炮的做法几乎一模一样。

炮这种烤肉方法，对中国文明有特殊的意义。在中国神话中，中原文明的人文初祖就是造汉字的老祖先伏羲。"伏羲"这个名字是什么意思呢？历史上众说纷纭，"伏羲"这个名字的写法也是多种多样的，其中有一种写法就是火字旁的"炮"和牛字旁的"犠"。这两个字连在一块，就是烤牛肉的意思呀。因此古代就有一种观点认为，正是因为伏羲发明了用火烤肉，让先民们吃上了熟食，人们才用"炮犠"这样的名字来纪念他。看，中国的饮食文化从一开始就是博大精深的中华文明的重要组成部分！

在这一篇的最后，我来讲讲"炮"这个字是如何从烤肉变成武器大炮的。其实"大炮"的"炮"是一个后来造的新字形，跟烤肉一点儿关系都没有。"大炮"的"炮"其实来自"抛物线"的"抛"。这是怎么回事呢?

　　传说,最早的炮不是用火药的,而是用石头。三国时的官渡之战,曹操的谋士刘晔为了破解袁绍军队用弓箭对曹营的压制,就发明了一种叫霹雳车的投石机,利用杠杆原理把石头抛出去攻击敌人,结果大破袁军。投石机是抛石头的,所以一开始就造了一个石字旁加"包裹"的"包"字来代表抛这个动作的声音和意思。再后来,火药出现了,火药爆炸产生的力量能把弹丸射出去,新的武器就出现了。一开始,人们也用石字旁这个"砲"来代表这种新式武器,但后来又逐渐改为火字旁,以凸显热兵器的属性。这就成了现在的"炮"字了。

词性解析

炮

1. 动词，把食材快速翻炒的烹调方法，读 bāo。
炮羊肉。

2. 动词，把药材放在高温中快速翻炒，读 bāo。
炮姜。

3. 动词，把物品放在器物上烘烤，读 bāo。
炮干。

4. 名词，用烂泥等包裹后烧烤，读 páo。
《礼记》："炮：取豚若将，刲（kuī）之、刳（kū）之，实枣于其腹中，编萑（huán）以苴之，涂之以谨涂。"

5. 名词，通"庖"，厨师，读 páo。
《韩非子》："凡为人臣者，犹炮宰和五味而进之君。"

6. 动词，燃烧，读 páo。
《左传》："令尹炮之，尽灭郤氏之族党，杀阳令终与其弟完及佗，与晋陈及其子弟。"

7. **名词，热兵器，大炮，读 pào。**

炮火连天、炮筒。

8. **名词，爆竹，读 pào。**

鞭炮、炮仗。

35

祖先的房子

　　在这一篇中，我们要讲与住相关的汉字。说到住所、住处，我脑子里蹦出的第一个汉字就是"家"了。

　　人们常说家是一个幸福的港湾，是每个人获得慰藉的所在，在社会生活中发挥着重要的作用。所以"家"这个字的意义非比寻常。我首先就来讲讲"家"字的来历。

家

家是我们居住的地方，这个意思已经被"家"的字形表现得十分清楚明白。

"家"字的上半部分是偏旁部首"宀"，我在前面的篇章中介绍过，这个偏旁其实也是一个单独的汉字，有自己的读音，读作"mián"。这个"宀"是一个象形字，虽然作为偏旁被叫作"宝盖"，但是它跟宝贝并没什么直接关系。

请你仔细观察插图中的甲骨文，相信你一看就能猜出它的意思来。

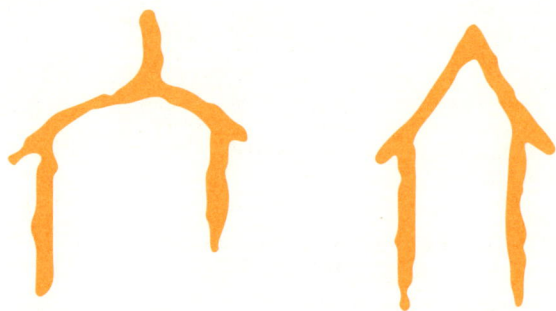

甲骨文"宀"字

你看，古人造的"宀"字多像简笔画中的房子啊！

西安半坡时期房子的模型

上面这张插图中是西安半坡古人类遗址中的建筑复原模型，你看五千年前古人造的房子跟甲骨文里的"宀"字多么相似，至少特征是一致的。

从古至今，人类最朴素的梦想就是能有一个屋宇为自己遮风挡雨。即使是在中国的上古神话里，造房子这件事也具有不同寻常的意义。

有巢氏、燧人氏、伏羲氏

有一本书叫《古三坟》。传说，这书名是从最古老的中华文明代代相传下来的。《古三坟》里说中华文明的初祖伏羲氏是燧人氏之子。"燧"字的本义是古人取火的工具。相传，燧人氏是最早教会先民钻木取火的。火对于人类来说是非常重要的发明，没有火，伏羲氏也发明不了烤肉啊。

在传说中，燧人氏还不是人类的始祖，他的爸爸是有巢氏。有巢氏最了不起的功绩就是参考鸟儿筑巢，教会了先民们盖房子。

有巢氏、燧人氏、伏羲氏这三代帝王生动地展现了农耕社会的文明进程：先得有座房子，然后在房子里支上火塘，接着在火上烤肉做饭。

"宀"代表了最古老的房子。用它做形旁的字，当然大多跟房子有关，比如"寝室"是睡觉的房间，这两个字都有宝盖头；宿舍的"宿"表示睡觉的地方，那肯定也得有房子才行啊；宫殿的"宫"也跟房子关系密切，缘由我们放在下一篇再细讲；宝贝的"宝"看起来跟房子没有关系，但是你想想，宝贝不能在露天晒着吧，必须在屋子里收好啊，所以也有一个宝盖头。还有"家"这个字，没有房子的家算家吗？可是，"家"的宝盖头下面是一个"豕"字。我在前面的篇章中讲过，"豕"就是猪的意思。古人造字的时候，为什么要表达家里有一头猪的意思呢？

关于"家"字的字形，有一些流行的说法：在上古社会，猪是财富的象征，正所谓猪肥家润，所以"家"字里头就有了一头猪。还有人说在古代的房子里，人和牲口是住在一起的，楼上住人，楼下养猪，古代南方的一些少数民族住的吊脚楼就是这么一种格局。

今天，我要来辟个谣："家"这个字跟养猪一点儿关系都没有！"家"这个字的下半部分其实也不是"豕"字。我们要看清"家"字的本来面目，必须仔细研究"家"字的甲骨文。

金文"家"字

这两个字形非常有趣：在一所房子里，有一头大猪。这头猪圆滚滚的，长着长嘴，背上还有一溜鬃毛，这不就是标准的猪刚鬣吗？难道甲骨文画的不是一头猪？别急，我们必须从细节之中发现门道。

甲骨文"家"字

甲骨文"豕"字

我们来比较一下"家"字里的"这头猪"，跟甲骨文"豕"字表示的"这头猪"究竟有什么区别。

一般的"豕"字，最主要的特征就是肚子大，然后就是一头一尾两条腿。跟这个"豕"字相比，"家"字下面的这头猪，在后腿的地方似乎多了点儿什么东西。但是，别看就多了这么一个小细节，有了它，就是另外一个字了，这个字念"豭（jiā）"，写成左边一个"豕"，右边一个"叚"。

在古汉语里，"豭"字特指公猪。甲骨文里后腿这里多的这么一点，就是在强调公猪的性别特征呢！

古人跟牲口打交道的时间比现代人多多了，所以在古汉语里，关于牲口的专门名称特别多，不光公猪和母猪的叫法不同，公牛和母牛、公羊和母羊、公马和母马的名称都不一样。

为什么"家"的古汉字里是一头公猪，而不是母猪呢？这是因为"家"其实是一个形声字，表示公猪的"豭"就是单纯地表示家庭的"家"的读音罢了，跟家里养不养猪没有关系。

而且，我可以非常负责任地说，古人才不跟猪同住一个屋檐下呢。何以见得呢？如果你知道古人是怎么养猪的，自然就明白了——我们的祖先，甚至世界各地的古人几乎都有用粪便当猪饲料的历史。

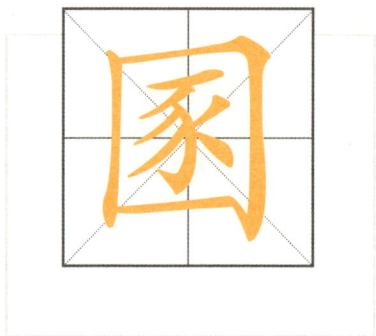

圂

在古汉语里，表示猪圈的汉字是"圂（hùn）"。"圂"是个会意字，除了表示猪圈，还有厕所的意思。

墓葬陶器猪圈，汉代，中国国家博物馆藏

古人就是把猪圈当厕所的。上面这张插图是汉代坟墓里出土的陶器猪圈随葬品，就是仿照死者生前生活的风俗原貌做的。这个猪圈像一个深坑，坑里躺着一头老母猪，小猪崽正在吃奶，猪圈旁边有楼梯高台，高台上还盖着小房子。这小房子就是古人的厕所。古代没有下水道，厕所里的粪便就直接流进猪圈里，变成了猪的食物。

在古汉语里，"溷（hùn）"字表示人的粪便，就是表示猪圈、厕所的"圂"字左边再加"氵"。这"氵"代表的就是猪圈、厕所里的粪便了。

你听完这个奇特的历史风俗，应该明白没人愿意把自己的家盖在猪圈上了。粪便的气味谁也受不了啊！

为什么人住的"家"字要用代表公猪的"豭"来表示读音呢？这就和古汉字里一种特殊的汉字使用现象有关了。在古代汉语里，

"家"字的读音跟居住的"居"差不多。"居"的本义是停下来不动，后来又衍生出了居住、定居的意思。

在上古时代，"家"和"居"这两个字无论是意义还是读音都基本一样，却写成两个不同的字形。语言学家把它们叫作"词族"，也就是词的家族，意思是这两个字是从一个词根上分支出来的亲戚。

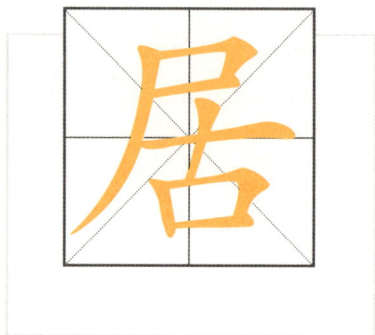

我们一起来看看"居"这个字。古汉字的"居"是一个形声字，下半部分是一个"古"字，做声旁，它的读音根据语言学家的复原研究，大概像今天的"gā"。

"居"的上半部分好像一个"尸"字，不过并不是尸体的意思，而是一个人蹲坐的样子，用作"居"的形旁。一个人蹲下来坐着，当然就是不挪动的意思。另外，"居"也可以用来指定居下来的处所、地方。

现在有些店铺招牌上还留着这个"居"字，比如北京著名的酱园子六必居，还有广州有名的饭店

小篆体"居"字

陶陶居。这个"居"字就是一个代表地方的名词：表示人们定居的地方，也就是家的本义。

德国浪漫派诗人荷尔德林有一句很著名的诗句："人，诗意地栖居在大地上。"这句诗经常被德国哲学家海德格尔引用。是的，大地，就是我们人类的家园啊。

在下一篇中，我们来探究关于宫殿的汉字的来历。我可以先"剧透"一点："宫"原来就是普通人的住宅，并不专属于帝王。那么后来到底发生了什么，"宫"字变得如此"高大上"了呢？我在下一篇中详细讲给你听。

词性解析

居

1. 动词，本义，蹲着。

《左传》："昔阖庐食不二味，居不重席，室不崇坛，器不彤镂，宫室不观，舟车不饰，衣服财用，择不取费。"

2. 动词，居住。

《捕蛇者说》："自吾氏三世居是乡，积于今六十岁矣。"

3. 动词，坐。

《礼记》："小国之上卿，位当大国之下卿，中当其上大夫，下当其下大夫，其有中士、下士者，数各居其上之三分。"

4. 动词，处于。

《核舟记》："船头坐三人，中峨冠而多髯者为东坡，佛印居右，鲁直居左。"

5. 动词，储备、积攒。

《聊斋志异》："市中游侠儿得佳者笼养之，昂其直，居为奇货。"

6. 动词，占有。

二者必居其一、居多。

7. 动词，治理。

《梓人传》："择天下之士，使称其职；居天下之人，使安其业。"

8. 动词，停留。

《小石潭记》："以其境过清，不可久居，乃记之而去。"

9. 动词，担任。

身居高位、身居要职。

10. 形容词，通"倨"，傲慢。

《诗经》："莫肯下遗，式居娄骄。"

11. 名词，住所。

《左传》："问其名居，不告而退。"

12. 名词，平日，平时。

《论语》："……居则曰：'不吾知也！'如或知尔，则何以哉？"

13. 名词，店铺名称。

六必居、陶陶居。

36

住在宫里的百姓

　　在上一篇中，我们讲了用"宀"字做偏旁的字大多跟房子有关。在这一篇中，我们接着"住"的话题，先来了解以"宀"字做偏旁的"宫"字，然后再讲讲"宫"的同义字——"殿"。在汉字发展的历史上，"宫"和"殿"这两个字的意思发生过非常有趣的转变。你读完这一篇，一定会收获丰富的传统文化知识。

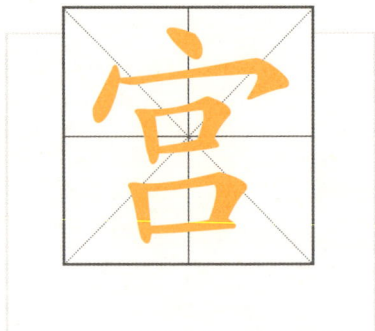

我们先来讲讲"宫"字。你知道谁住的地方能够被称为宫吗？

北京的故宫是明清两朝皇帝们的家；英国的白金汉宫是英国王室才能居住的宅子；《西游记》里的兜率宫是太上老君的家。如此看来，能住在宫里头的人不是帝王就是神仙。"宫"这个字仿佛自带高贵的身份。现在也有一些老板会给自己创办的娱乐场所或房地产项目名上安一个"宫"字，以此充阔气，摆阵仗！

但我要向你澄清：在上古时代，连种地的农夫都能住在"宫"里！这是怎么回事呢？古代农夫的家真的叫"宫"吗？我现在就举两个古书里的例子来证明我的说法。

《豳（bīn）风·七月》

第一个例子是《诗经》里一首著名的诗歌《豳风·七月》。《七月》这首诗讲的是西周时候农夫一年的劳作生活。其中有一段说到秋收以后农夫的生活是这样的："嗟我农夫，我稼既同，上入执宫功。昼尔于茅，宵尔索绹。亟其乘屋，其始播百谷。"这几句话的意思是农夫们收割完所有的庄稼，田头野外的活儿都忙完了，就要开始忙宫功了。"宫功"指的是在家里干的活儿。农夫在家干什么活儿呢？他们白天去割茅草，晚上在家搓草绳，顺便再修修家里的屋顶，为来年的播种工作做准备。

以前的课本在解释《七月》这首诗时，总会说这是古代奴隶主压榨农民，让他们一年到头都辛苦劳作。农民替奴隶主种完了粮食，还被迫去修奴隶主家的房子。这种解释造成了一个大误会：宫成了只有奴隶主才能住的屋子。

《七月》中明明有农夫在家编草绳的诗句，而草绳是农民日常生活里常用的东西，奴隶主才用不上这种东西呢，所以《七月》里说的"宫功"，指的就是农民自己家里的事情。

孟子与许行的辩论

除了《豳风·七月》这首诗，《孟子》里也有一个著名的例子可以说明"宫"就是老百姓住的房子。

有一回，孟子跟战国的农家学派发生了一场争论。你肯定知道孟子是儒家"亚圣"，后来的地位仅次于孔子，但农家学派一向有点儿看不起儒家。这是为什么呢？

原来，农家倡导的是全天下的人都自己耕地养活自己，大家都来当农民，开发土地自给自足，这样人间就不会有剥削了。而儒家学派的弟子都是读书人，肩不能挑担，手不能提篮。其实，孔子也有点儿看不起种田的农人。曾经有个叫樊迟的人向孔子请教种田种菜的学问，结果被孔子背地里诟病，称"小人也"。

在孟子和农家学派的这场争论中，农家学派的代表叫许行。他是一个农家学说的实践派，这种言行一致的作风让很多人折服。这一场庄稼汉与读书人的舌战必然会引起激烈的反响。

在辩论中，孟子提出的终极问题是：种田的人要不要穿衣服，要不要用农具？如果许行先生穿的、用的都是自己宫中做出来的，许先生还有时间去种田吗？注意了，孟子称庄稼汉许行住的房子为"宫"。这可是古书里孟子的原话。

以上的例子都说明，在先秦的时候，"宫"就是普通人的住宅。我们再来一起研究一下甲骨文里"宫"字的写法。

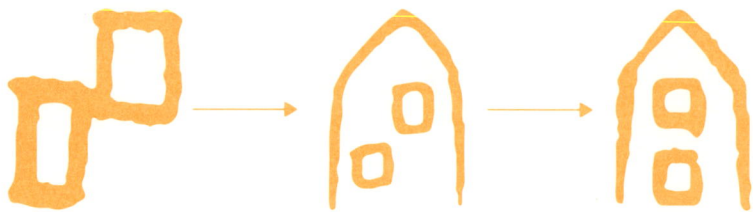

甲骨文"宫"字

最早的"宫"字就是两个方框连在一起。文字学家认为这两个方框代表相连的房间，"宫"是一个象形字。后来，在两个方框上又加上一个形似房顶的偏旁，这就是后来的宝盖头了，相当于加了一个形旁。再后来，原来斜着排列的两个方框逐渐上下对齐，大致变成现在"宫"字的样子了。

在先秦时代，帝王的宫殿一般叫作"台"，比如商纣王造的鹿台，周文王修的灵台，春秋战国的时候吴国修的姑苏台、楚国修的章华台——这些都是历史上著名的宫殿。甚至到了三国时，曹操修的铜雀台也并不是一座简陋的高台，而是一座气势恢宏的宫殿。

"宫"字的意思从平民的家宅变成帝王的屋宇是秦汉时代的事情。比如秦始皇造的阿房宫，汉代长安城的长乐宫、未央宫，都是历史上早期著名的宫殿。

殿

我们再来说"殿"这个字的意思。在先秦的古书里，"殿"这个字并没有宫殿的意思，到了秦汉时代，它才有了现在宫殿这个意思。

那么在秦汉以前，"殿"是什么意思呢？这说来就有点儿让人尴尬了。我们先来看看古汉字"殿"的写法吧。

战国文字"屁"与小篆体"殿"字

"殿"字的左边是声旁"屁",就读成"diàn"。这个声旁本身是一个会意字,上边像一个人坐着,下面的部分像是个凳子。不过,这两部分合在一起不是坐的意思,而是特指坐下来的部位——屁股。这就是"屁"的本义了。

其实,我们从今天的汉字还能看出"屁"的本义让人有点儿尴尬,屁股比较文雅的说法叫"臀部"。"臀"这个字就是在"殿"字的下面加了个表示肉的月字底嘛。

还有,北方人口语说的屁股腚子的"腚"是月字旁加一个"安定"的"定"。"腚"这个字其实就是古代的"殿"字被换了一个比较俗的写法而已。

殿军孟之反

在先秦的古书里头,我们还能看出"殿"跟屁股之间的关系。古书把军队中断后的队伍叫作"殿军"。什么是断后呢?就是军队撤退的时候，为了防止敌人跟踪追击，指挥官会派一小拨士兵在队伍的最后保护大家撤退。这一小拨士兵是在这支队伍的"屁股"的位置，所以被称为"殿军"。

在《论语》里，孔子还专门夸奖过一位殿军——鲁国将领孟之反。鲁国的军队打了败仗撤回都城曲阜的时候，孟之反就是殿军。他保护了大部队，把殿军的作用发挥到了极致。但是到了鲁国城门口的时候，孟之反看到来迎接的人群，却故意快马加鞭。他还跟人说："我不是因为胆量大才当殿军的，而是因为我这马跑不快啊。"孔子知道了这件事，就夸孟之反这位殿军非常谦虚。

不过在现代汉语里，殿军的意思已经变成了比赛或者考试的最后一名。现在谁要是当了殿军可没什么好谦虚的了，必须真的努力赶上才行啊。

"殿"字的左半部分是屁股的意思，右半部分是"殳"字，念"shū"。"殳"的古汉字的写法是一只手拿着一根棍子。"屍"与"殳"组合在一起，"殿"就变成打屁股的意思了。

小篆体"殿"字

甲骨文"殳"字

《说文解字》在解释"殿"字的时候就说"击声也"，就是打得啪啪响的意思。这就是典型的屁股挨板子嘛。

那么，表示打屁股的"殿"字是怎么变成"宫殿"的呢？故宫里的太和殿，或者寺庙里的大雄宝殿这些殿堂，难道都是从前打人屁股的地方吗？

其实，大殿跟屁股的确有关系，但不是打屁股的意思。

我们已经了解殿军指的是队伍最后的小队。除了"最后"的意思，"殿"还可以表示最底部的意思。在英语里，屁股既可以用"rear"表示，也可以用"bottom"表示。"rear"和"bottom"这两个词，一个表示后部，一个表示底部，这种用法跟我们的古汉语几乎是一个思路。

古汉语的"殿"表示底部这个意思的时候，指的是房屋的基础。

我们之前已经了解，先秦时的人把宫殿称为"台"。《老子》里说："九层之台，起于累土。"这句话的意思是说，高耸入云的宫殿是从夯地基开始建的。越是高大的建筑，基础就越要打得牢靠。你看故宫的太和殿、中和殿、保和殿，都是建在高高的基础之上的。

所以，"殿"在表示底部这个意思的时候，就是指房屋的基础。我们现在理解的宫殿的意思，就是从房屋基础这个意思慢慢变成大殿整体的。

还有一个证据可以证明"殿"跟基础有关。古人把皇帝称为

"陛下"，"陛"原来指的是宫殿的台阶。"陛下"的意思是指臣子们待在台阶下，比皇帝矮了一截。那么，古人对比皇帝低一级的皇子、亲王、公主是怎么称呼的呢？他们管皇子、亲王、公主叫"殿下"。"殿"是基础，当然比台阶还低了。

汉字撷英

词性解析

宫

1. 名词，上古时对房屋、居所的通称。

《战国策》："将说楚王，路过洛阳，父母闻之，清宫除道，张乐设饮，郊迎三十里。"

2. 名词，秦汉以来皇帝住所的名称。

阿房宫、宫墙、宫灯、宫女。

3. 名词，神仙的住所。

蓬莱仙宫、大闹天宫。

4. 名词，现代文化、娱乐的场所。

劳动文化宫、少年宫。

5. 名词，五音之一。最古的音阶仅用五音，即宫、商、角、徵、羽。

宫调。

6. 名词，代指皇帝。

宫车晏驾。

7. 名词，西汉时代指皇太后，东汉代指太子。

东宫。

8. 名词，代指后妃。

后宫、宫闱。

9. 名词，供奉神灵的大型建筑物。

布达拉宫、雍和宫。

10. 名词，妇女子宫的简称。

宫颈、宫腔。

11. 名词，古代的一种刑罚。

宫刑、自宫。

12. 名词，通"躬"，身体。

《国语》："王念孙云：中、宫皆身也。"

13. 名词，宫府。

《汉书》："而郡国皆豫治道，修缮故宫，及当驰道县，县治宫储，设共具，而望幸。"

14. 动词，居住。

《瑞安县重修县学记》："若但竖数十屋而宫，群数十士而饭，而曰教养尽是矣，何其易也！"

15. 动词，建造住所。

《水经注》："重门城，昔齐王芳为司马师废之。宫于此，即《魏志》所谓送齐王于河内重门者也。"

16. 动词，围绕。

《尔雅·释山》："大山宫小山，霍。"

37

"车"字究竟怎么读

如果你关注过下象棋的过程，你就知道这个车辆的"车"字在下象棋时会被念成"jū"，谁要是把象棋里的"车"念成"chē"，谁就会被认为压根儿不会下象棋。为什么"车"这个字的发音会出现这样的情况呢？接下来，我们就一起来探究这个问题。通过了解"车"这个字，我们还会把中国的古史传说跟考古出土的文物做一个串连比较，拨开历史的迷雾，更加清晰地了解一些古史的真相。

我们首先来学"车"的古汉字。"车"是一个象形字，甲骨文"车"的写法就是一幅非常写实的马车的平面图。

甲骨文"车"字 　　　　　　　金文"车"字

安车，汉代，河北省博物馆藏

仔细观察插图中的古代马车和甲骨文的"车"字，你应该马上就能看出古人造"车"字的门道吧。

甲骨文的"车"字下半部分有两个圆形的轮子，有时候还会标出车厢的位置，轮子和车厢都用一根车轴串联起来。后来繁体字"車"其实就是从轮子和车厢这部分形状变来的。

甲骨文的"车"字比起繁体字"車"还多出了一部分，就是一辆马车的前半部分。在车的最前头有一根横木，上面人字形的东西是用来固定马匹的，这两样东西合在一起叫作"衡轭"。而连接衡轭和车厢的这一根竖向的木头叫作"车辕"。衡轭、车辕都是一辆马车的重要组成部分，甲骨文中一件不落地全都体现出来了。

在殷商时代，车对于百姓来说具有非常重要的意义。我们从甲骨文的字形中，就能看出古人刻这些甲骨文时不愿放过任何一个细节的认真态度。

我们再来仔细观察插图里两个甲骨文"车"字。你发现有的细节发生了变化吗？没错，第二个甲骨文"车"字里的车轴没有连在一起了。这可不是古人不小心把字给刻坏了。原来，古代马车都是木头做的，在剧烈颠簸的时候，常常会发生意外，车辕和车轴都是很容易发生断裂的部位。这个甲骨文正是古人在刻字时一丝不苟地记录了行车时发生的交通事故。

为什么商朝人在刻"车"这个字的时候会如此用心呢？因为，在商朝崛起的过程中，车起到了至关重要的作用。我们甚至可以说，从殷商到秦汉，车就是一个王朝兴盛强大的标志。

马车是谁发明的？

古书中有记载，发明马车的是两位了不起的人物，其中一位是奚仲。奚仲造车的传说流传非常广。据说，奚仲是夏禹时候的人物，他发明了最早的马拉车的技术。

造车传说中的另一位人物，身份地位比奚仲高得多，就是中华儿女的先祖之一——黄帝。黄帝号轩辕氏。你有没有发现，"轩"和"辕"这两个字都是车字旁？"轩"是古代的一种小型马车，而"辕"就是刚才提到的连接车厢和衡轭的那根木头。相传黄帝因为最早发明了车辆，才得了"轩辕氏"这么一个称号。

现在考古学家大致已经弄明白：大约在距今 4000 年以前，在中亚和黑海之间的草原上，牧民们也发明了马车。马车使得人类迁移的效率大大提高，而且很快就成了战场上冲锋陷阵的武器装备。

下面这幅插图是古埃及的一幅石刻壁画，刻的是公元前 1274 年古埃及最伟大的君主之一——拉美西斯二世在卡迭石战役中在战车上弯弓射箭的英姿。

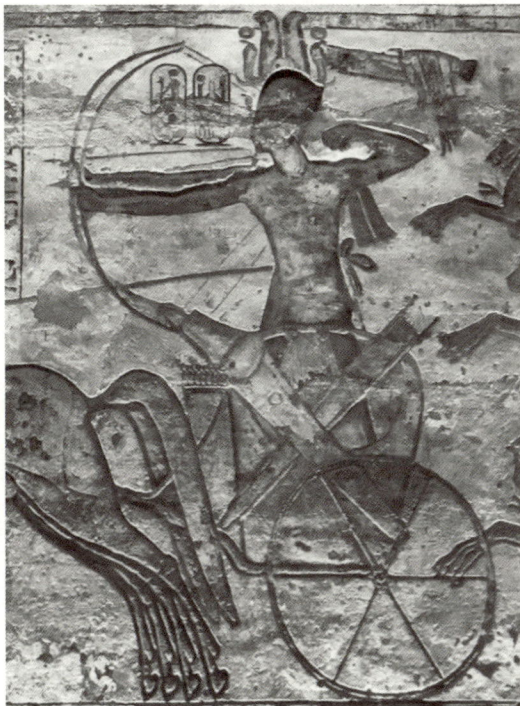

古埃及石刻壁画

马车是人类历史上最伟大的发明之一，改变了早期人类文明的版图。考古学家们认为，殷商的祖先是在中国北方地区最早学会马车战术的民族，他们正是凭借着当时最先进的武器装备——战车横扫中原大地，建立了一个空前的大帝国。从此以后的一千年里，车战就成为中国古代战争的基本形态。

在春秋战国的时候，一个强大的国家会号称"千乘之国"或者"万乘之国"。在中国古代，四马一车为一乘，"千乘""万乘"说的就是这个国家拥有一千辆或者一万辆战车和相应数量马匹的实力。

对当时的古人来说，战车就跟今天核大国手中攥着的核武器一样厉害。一直到了骑兵战术已经非常盛行的南北朝，战车仍然没有退出历史舞台。建立了刘宋王朝的宋武帝刘裕就曾经用战车布阵防御北方鲜卑骑兵，以 2000 人的微弱兵力大破敌人数万精锐铁骑。

通过了解上述内容，我们已经知道中国马车的发明历史可追溯到传说中的轩辕黄帝。不过，我们还可以换个角度思考问题：轩辕黄帝在历史上究竟是一个什么样的人？他跟殷商之间又有什么样的关系呢？你看，我们从"车"这个简单的汉字，居然一直追寻到了中华民族祖先的身份问题，汉字里的学问可真大！我在这里留下一个小作业：希望你在阅读完本书后去找来更多与汉字相关的书籍阅读，认真地把这些问题都弄明白。

"车"字为什么有两个读音？

我们现在还是回到一开篇提出的问题：为什么在象棋里"车"要被念成"jū"呢？

东汉有一本有趣的书——《释名》，这书名就是解释各种名字的意思。早在东汉时期，《释名》的作者就已经注意到"车"字有两个不同的读音了。这本古书是这样解释的：古代人把"车"字念成"居住"的"居"，而现在，也就是东汉时期的人把"车"读成"宿舍"的"舍"。这两个不同的读音代表两种不同的意思。"居住"的"居"就是停下不动的意思，古人把"车"念成"居"，就是表达人可以坐在车里,让车载着移动。而把"车"读成"宿舍"的"舍"呢,是表达车就是人可以休息的流动房舍。所以,"车"字的不同读音,就是从不同的侧面反映了车的不同用途。但是,后来的文字学家经过研究发现,《释名》的解释虽然听起来有几分道理,却找不到事实依据,很可能是古人拍脑袋想出来的答案。

不过,我们如果仔细分析《释名》中的解释就会发现一个很有趣的线索:"居"是"车"字更古老的读法。这个说法可以在汉字中找到证据。

在古汉语中,"居"的读音跟"舆"几乎一样。请注意,"舆"字里面有一个"车"字。

这幅插图是秦朝丞相李斯写的小篆体的"舆"字。在这个小篆的字形里面,"车"的左右是一双向下的手,而下面是一双向上的手。那么,这个"舆"字是什么意思呢?

"舆"是一个形声字,车是形旁,那四只手读

小篆体"舆"字

成"举"。这个字就是"举"字最早的写法。古汉语的"举"字就是大伙儿一起把东西抬起来的意思。但是车不是应该由马来拉吗，为什么要人来举呢？

其实"舆"字的本义是车厢。如果把车轮、车辕、衡轭这些都拆了，剩下的车厢就叫作"舆"。没有轮子，没有马匹，这车厢岂不是无法移动吗？其实，在古人的心目中，不用马拉的车更高级。

《步辇图》

这幅插图是唐代大画家阎立本画的《步辇图》，你应该在课本里也看到过。这画的是唐太宗李世民接见吐蕃和亲使者的场面。画中的唐太宗坐在一张像担架一样的东西上，由宫女们抬着。这画的虽然是唐朝的事，可是跟"舆"这个字的造字原理一脉相承。"舆"就是由人抬着走的交通工具，到后来就发展成了轿子。

《步辇图》，唐代，故宫博物院藏

　　那么，这像轿子一样的舆跟马车又有什么关系呢？在先秦的古书里，车常常被叫作"舆"。看来，"车"和"舆"这两个不同的字代表的是同一种东西。

　　关于"车"和"舆"这两个字的关系，有两种可能。

　　第一种：人力抬的舆在中国是先有的东西，后来马车发明以后，就用"舆"这个老名字来命名马车这种新式交通工具。这就好比现在的高铁都是电气化驱动的了，但人们还是沿用从前蒸汽机车烧煤的传统，经常把高铁叫成火车一样。

　　第二种：由人抬的舆，是车厢拆下来以后再改造发明出来的东西。就像《释名》说的那样，车厢是人在车上居坐的地方，"舆"字的命名也是从"居"这个坐着不动的动作引申发展来的。

词性解析

车

1. 名词，本义，运输工具的通称。

《史记·秦始皇本纪》："一法度衡石丈尺。车同轨。书同文字。"

2. 名词，战车、兵车。

《史记·陈涉世家》："比至陈，车六七百乘，骑千馀，卒数万人。"

3. 名词，利用轮轴旋转的工具。

风车、水车、纺车。

4. 动词，切削零件。

车工、车零件。

舆

1. 动词，造车。

《考工记》："舆人为车，轮崇、车广、衡长，叁如一，谓之叁称。"

2. 名词，马车。

《老子》："虽有舟舆，无所乘之；虽有甲兵，无所陈之；……"

3. 名词，轿子。

彩舆、舆夫。

4. 动词，仆役。

舆隶。

5. 形容词，大众的。

舆情、舆论。

6. 动词，抬、举。

《左传》："既食，孔伯姬杖戈而先，大子与五人介，舆从之。"

7. 动词，运载物品。

舆尸、舆粮。

8. 动词，乘坐。

《汉书》："今发兵行数千里，资衣粮，入越地，舆轿而逾领……"

38

男人会意，女人象形

天地有阴阳，人间有男女。汉字里的"男"和"女"究竟是怎样命名的呢？有人说古人造字不太尊重女性，这是真的吗？我们一起来看看"男"和"女"这两个汉字会告诉我们什么答案。

女

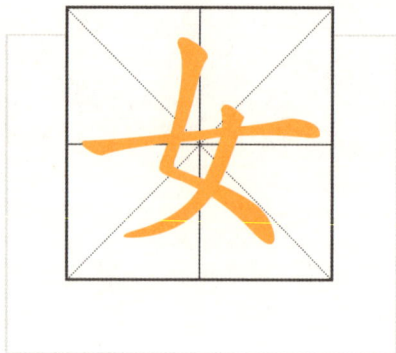

你可能听过这么一句老话："男主外，女主内。"这句话的意思是说，古时候女性主要负责家务，男性主要负责在外面赚钱养家。但是到了现代社会，如果还有人坚持说男女就应该这样分工，那可真是太不与时俱进了。现代女性走出家庭外出工作可以说是司空见惯的事了。

时代变了，人们的观念也跟着改变，这是多么顺理成章的事情。可是竟然有人找上了汉字的碴儿，说汉字里隐藏着歧视女性的文化基因。

比如，有一种批评是：好多女字旁的汉字都代表不好的意思，比如"奸诈"的"奸"字，繁体字写成三个"女"字叠一起。这个字就是在说女人扎堆不做好事吧。再比如，"奴隶"的"奴"字，"贪婪"的"婪"字，还有"嫉"和"妒"这两个字也都是女字旁，都表示不好的意思。

仔细想来，这种观点实在有点儿极端了。虽然持这种观点的人举的例子好像是这么回事，但他们好像忘记了，还有不少女字旁的汉字都代表的是美好的意思呢。比如"好"字，"好"字的意思能不好吗？

妇好的"好"

我们中国历史上第一位实至名归的女将军就叫作"妇好"。她是殷商著名的帝王武丁的妻子。在现代出土的甲骨文上，考古学家常常可以看到妇好的名字。这不仅仅是因为她是武丁的王后，还因为出土的甲骨文记载着妇好曾亲自率领军队去讨伐远方蛮夷部落，并且大获全胜的战功。

20世纪70年代，考古学家在河南安阳找到了妇好的墓葬，这可是一个非常重大的考古发现。考古学家发现，妇好的墓保存得非常完整。他们在妇好墓里发现了大量精美的文物，其中有一把青铜钺，也就是一把大斧头，上面刻着的铭文中有妇好的名字。我们可想而知，妇好这位女子的地位在几千年前甲骨文的时代有多么了不起！我在这套书的其他的篇章里讲过，钺是帝王至高无上权力的象征。所以，如果有人说古人从汉字造字的时候就歧视女性，妇好如果地下有知，恐怕会第一个不同意。

妇好墓铜钺，商代，中国考古博物馆藏

铭文"妇好"

甲骨文"女"字

但是，有的人即便早就知道甲骨文里有这种真实的历史证据，还是会继续抬杠："古人把'女'字写成一个人跪在地上，这难道不是污辱女性吗？"

我们从插图中可以看出，"女"的字形的确是一个人跪在地上。可是，古人下跪跟现代人下跪的意义大不相同。汉代以前，古人家里没有凳子、椅子，都是席地跪坐。日本人到现在还保留着跪坐在榻榻米上的生活习惯，这就很有中国古代的遗风。所以，甲骨文的"女"字的象形其实是一个女人坐着，而不是卑躬屈膝地跪着当奴婢。更重要的是，你得注意甲骨文"女"的字形中这两只手的位置。请你仔细将上面这幅插图和有妇好名字的青铜器铭文进行对比，你会发现，古汉字"女"的字形都是象形女子弯起手臂，把两只手交叉在胸前的样子。在古代，这个姿势有着特别的讲究。

"女"字与肃拜之礼

中国是礼仪之邦。中国人的老祖先在礼貌、行礼这方面有各种各样的规矩。比如现在过年的时候，我们给人家拜年会行拱手礼；给长辈拜年，还有地方保留着磕头的习俗。这些礼仪风俗可以一直追溯到先秦。古书上记载了古人行礼有"九拜"之说。九拜就是九种行礼的姿势。现代人在过年时行的磕头、稽首的礼仪，都是从九拜演变来的。这九拜当中的最后一拜叫作"肃拜"，这是女子行礼的专用姿势。肃拜的姿势就是女子跪坐的时候双手靠近交叠，双臂下垂，手不着地，然后欠身鞠躬。肃拜的姿势就是甲骨文里"女"这个字象形的来源。

你现在应该明白了，"女"就是比照着女子行礼的端庄姿势造出来的象形文字。这个字体现的是女性内敛、含蓄的美好仪态。

男

不过，"男"和"女"这两个汉字的确强调了男主外、女主内的分工。这算不算汉字里的性别歧视呢？我们还是把字形和历史结合在一起来研究这个问题吧。

我们先来看"男"字怎么写。现在的"男"字是上半部分一个"田"字，下半部分一个"力"字。你可能认为，"男"字是要表达男人都是耕田的劳力吧。这个想法不完全对，最多打80分。为什么不是满分呢？扣分就扣在这个"力"字上。"力"最初并不是力气的意思，而是一种工具的象形。这种工具叫作"耒（lěi）"。耒是一种古人用来挖土开沟的工具，最早并不是专门用来种田的。

《大禹治水》浮雕，现代，武汉汉阳大禹神话园

在很多表现大禹治水这一主题的美术作品中，你都可以看到大禹手里拿着一把耒。《韩非子》里说，"禹之王天下也，身执耒臿（chā）以为民先"。大禹就是用这么简陋的工具，率领百姓开挖河道，治理洪水。大禹在治水的过程中备受辛苦，古书上形容他"股无胈，胫无毛"，意思是他走遍天下勘察水情，两条腿都瘦成了细麻秆，因为腿长期泡在水里，腿毛都掉光了。大禹为天下苍生任劳任怨地辛苦工作，是真正有担当的领袖。

甲骨文"男"字   金文"男"字

我们再回到"男"字的写法上。你看插图中的古汉字：农田需要水利灌溉，所以在田的旁边加一把耒，它的意思就变成了为农田挖水沟。大禹任劳任怨，古人解释"男"这个字是这样说的："男，任（rèn）也。"因为在上古汉语里面，"男"和"任"的读音非常接近，所以"男"的本义就是干重活的人。

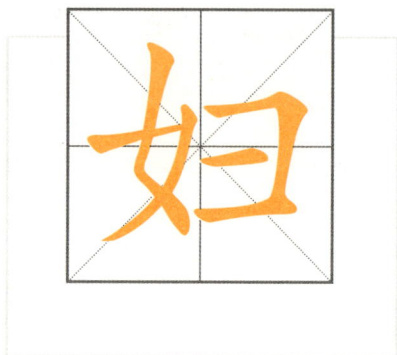

铭文"妇好"

我们了解了上古时男性的工作，再来了解上古时女性的工作。"妇"字的繁体是"婦"，左半部分是女字旁，右半部分是扫帚的"帚"。你看青铜器上妇好的名字，"妇"字就是一把扫帚的样子。女性加上扫帚，这多像是勤劳、爱干净的女性打扫房间的样子，所以"妇"是一个会意字。

"妇"字表示女性拿着扫帚打扫卫生，这不算汉字里的性别歧视。本来男女的体力就有差别，男人多照顾女人，抢着干重活，这是男人应有的风度。不过，女性承担的工作也不轻松呢。"妇"这个字虽然写成"女"加"帚"，但是古代妇女在家里的工作并不只是打扫卫生。除了家务事，古代妇女还有一项重要的工作，那就是在家纺纱织布。

男耕田，女织布

在古时候，丝绸布匹可以用来缴纳赋税，还能换回各种生活用品，它的作用跟货币一样。所以对于一个古代家庭来说，女子纺织为家庭做的贡献一点儿也不比男子耕田少。到了明朝的时候，江南一带的赋税特别重，家家户户的粮食勉强够缴纳官府的税，百姓必须织布换钱买米才吃得上饭。所以苏州、上海这一带的百姓几乎家家织布，妇女忙不过来，还得让家里的男子来帮忙。

另外，古人解释"妇"字的意思为"服装"的"服"，这也是因为在上古时候，"妇"和"服"几乎同音。后来有些儒家学者从男尊女卑的偏见出发，认为与"妇"同音的"服"是服从男人的意思。我必须强调，这个"服"不是服从的意思。所以，我在这里必须要来个正本清源。

服

我们都知道，"服"有衣服、服装的意思。可是这个意思是怎么来的呢？《诗经》里有首叫《葛（gě）覃（tán）》的诗，其中有一句诗："是刈（yì）是濩（huò），为绨为绤，服之无斁（yì）。"这句诗描写了女子采麻纺布的劳作过程。诗句的意思是：砍麻、沤麻，把它们做成各种粗布和细布，干活一点儿都不让人厌烦。在古汉语里，"服之无斁"的"服"指的就是纺纱织布的工作。所以"婦"代表的女子明明就是和男子一样任劳任怨、辛勤劳动的人，跟女性要服从男性的说法完全不沾边。

男主外，女主内，男耕女织，这本来就是古代农耕社会中一幅和谐的生活图景嘛。

词性解析

服

1. 动词，顺从。

《孟子》："以力服人者，非心服也，力不赡也；以德服人者，中心悦而诚服也，如七十子之服孔子也。"

2. 动词，佩服。

《后汉书》："后数日驿至，果地震陇西，于是皆服其妙。"

3. 动词，使用、享用。

《荀子》："天子御珽，诸侯御荼，大夫服笏，礼也。"

4. 动词，从事。

《论语》："有事，弟子服其劳；有酒食，先生馔，曾是以为孝乎？"

5. 动词，担任。

《尚书》："若农服田力穑，乃亦有秋。"

6. 动词，肯定。

《三国志·魏书》："于是传付许狱，考验首服。"

7. 动词，佩戴。

《谏逐客书》："今陛下致昆山之玉，有随、和之宝，垂明月之珠，服太阿之剑，乘纤离之马，建翠凤之旗，树灵鼍（tuó）之鼓。"

8. 动词，铭记。

《中庸》："回之为人也，择乎中庸，得一善，则拳拳服膺弗失之矣。"

9. 动词，实施。

《战国策》："此古服道致士之法也。"

10. 动词，使习惯于……

《楚辞》："后皇嘉树，橘徕服兮。"

11. 动词，通"负"，负荷。

《淮南子》："再鼓，服辇载粟而至。"

12. 动词，通"覆"，遮掩。

《韩诗外传》："梁山崩，晋君召大夫伯宗。道逢辇者，以其辇服其道。伯宗使其右下，欲鞭之。"

13. 名词，衣服。

《训俭示康》："吾性不喜华靡，自为乳儿，长者加以金银华美之服，辄羞赧弃去之。"

14. 名词，事情。

《礼记》："不学操缦，不能安弦；不学博依，不能安诗；不学杂服，不能安礼；不兴其艺，不能乐学。"

15. 动词，服丧。

《后汉书》："会平遭父丧去官。服阕，拜全椒长。"

16. 名词，用鱼皮制成的箭袋。

《诗经》："四牡翼翼，象弭鱼服。"

17. 名词，车厢，读 fù。

《周礼》："大车崇三柯，绠（gěng）寸，牝（pìn）服二柯有参分柯之二。"

18. 量词，用于称中药剂量，一剂为一服，读 fù。

《燕歌行》："定取金丹作几服，能令华表得千年。"

39

"婚"：黄昏的婚礼

开篇，我想请你思考一个生活中的小问题：你一定跟着爸爸妈妈去亲戚家吃过喜酒。在你的家乡，结婚是在中午吃喜酒，还是在晚上吃喜酒呢？我是上海人，按照上海的风俗，婚宴都安排在晚上。后来我读大学时听来自北京的同学说，北京人结婚都是在中午请客吃喜酒，简直惊呆了。我当时真是年少无知，少见多怪。中国那么大，各地风俗不一致是很正常的事。不过，中国汉字明明白白地告诉了我们，古人结婚就是在晚上举行仪式的。

婚　姻

我们在这一篇要讲的汉字就是"婚"和"姻"。婚姻是人生的头等大事，它关系着家族的传承和生命的延续。在儒家思想里，婚姻被称为"人伦之始"，意思是人类社会的一切伦理关系都是以婚姻作为基础的。古人看重婚姻，还为此专门造了一个神话呢。

父母之命，媒妁之言

你一定听说过女娲造人的故事吧。传说，大神女娲觉得大地没有生气，就用河边的泥土比着自己在水里的倒影，捏出了一个小泥人。女娲向泥人的鼻子吹了口气，泥人就活了。这就是女娲抟土造人的传说。不过，这个故事还没完呢，后来的古书在这个神话素材上添油加醋，继续往下编。

女娲觉得靠捏泥人来造人太费事——她必须认真地捏，一不留神捏出个歪瓜裂枣来，还不如不捏。怎样才能提高造人的效率呢？女娲灵机一动，捏出两种不一样的泥人来，一种就是跟她一样的女人，另一种呢，就是男人了。女娲为自己创造的生灵设立了婚姻的制度，让人类自己来繁衍儿女，这样就省得她自己不停地捏泥人了。

因为女娲是最早撮合男女结婚的大神，古人就尊称女娲为"高媒"。这个"媒"，就是媒介、中介，也就是媒人、介绍人的意思。后来古人的正式婚姻都讲究"父母之命，媒妁之言"，据说这个传统就是从女娲造人那会儿开始的。所以，婚姻是一件神圣的事，可不能当成儿戏，必须郑重其事，所以结婚的吉时也是绝对马虎不得的。

结婚：黄昏的婚礼

在《仪礼》这本古书里，有一篇文章详细记录贵族婚姻仪式的流程，这篇文章叫作《士昏礼》。注意，这里的"昏礼"写成黄昏的"昏"，昏礼，就是在黄昏时举行的喜庆仪式。

甲骨文"昏"字

　　"昏"本来是个会意字，分成上下两部分，下半部分是一个"日"字，上半部分是高低的"低"字去掉了单人旁，不过字形后来又发生了变化，现在的字形里已经没有"氐"字底下的一点了。"昏"字这上下两部分合在一起，就是太阳从天空降落的意思。另外还有一种说法：这个"氐"字是大地的"地"的另外一种写法，所以"日"在"氐"下，就是代表太阳已经降落到地平线下了，也就是黄昏时刻的意思。

　　古人为什么要在黄昏时结婚呢？学者们给出的答案五花八门，我来说说其中的三种说法吧。

　　第一种说法是古书上的传统解释。原来，婚礼安排在黄昏与阴阳学说有关。古人以日为阳，以月为阴，所以日为太阳，月就是太阴。而在人间呢，男为阳，女为阴。新娘子在黄昏时分被迎接到男方家里，正好随着一轮明月初升，这就叫作"阳往而阴来"。天地和人间的阴阳秩序完美地合二为一。

　　第二种说法认为把婚礼安排在黄昏举行，是远古抢婚风俗的残留。我在关于耳朵的汉字故事里讲过，"娶媳妇"的"娶"的字形可能跟战场上拿敌人耳朵当战利品有关系。这是因为在原始社会，有跑到别的部落去抢新娘的风俗。那些野蛮的人去绑架大活人回来结婚，光天化日多不方便，肯定会趁着夜色摸进人家部落，瞅准目标一棍子打昏，扛在肩头跑回来。后来人类娶媳妇，不再那么野蛮了，结婚之前得规规矩矩地托媒人交彩礼，挑好黄道吉日来办个隆重的仪式。但是为了尊重传统，人们保留了天黑结婚的习惯。

第三种说法是最简单粗暴的解释。在黄昏时举办婚礼完全是为了方便小两口赶紧洞房，繁衍后代。毕竟对古人来说，婚礼最重要的意义就是为整个家族开枝散叶，早点儿为家族添一个后人至关重要。

到底哪种说法对呢？没有定论。我只能告诉你：在古代，人们都是在黄昏举办婚礼的。

曹操贼喊捉贼

《世说新语》里有个故事，说曹操和袁绍年轻的时候去闹人家婚礼，就是趁着夜色而去。这个故事原本是为了体现曹操和袁绍这一对三国时的强悍劲敌从小就表现出了性格和能力的差别，但我们也能从中看到古人在晚上结婚的习俗。

曹操从小就特别狡猾，他和袁绍计划在人家婚礼上来个恶作剧，抢走人家的新娘。趁着天黑，曹操就躲在院子里大喊："有贼！有贼！"婚礼上的宾客们一听有贼，全都跑到院子里来，周围一片漆黑，大家都乱得没头苍蝇似的。而袁绍就乘乱而入，钻进新房扛起新娘子就跑。可没想到刚想翻墙逃跑，袁绍却失足摔进了灌木丛里动弹不得。曹操一看：糟糕，要是被人逮着就完蛋了。他灵机一动，为了让袁绍自己爬起来，故意暴露目标大喊："贼在这儿呢！"眼看追新娘的人们点着火把都围过来了，袁绍吓得一骨碌跳起来。就这样，两个坏小子才在夜色的掩护下从婚礼的现场全身而退。要是汉朝人是中午办婚礼，那曹操的鬼主意就完全派不上用场了。

结婚就是两个爸爸结亲家

"结婚"的"婚"，除了跟黄昏有关系，还有一个更重要的意思。我们现在说起"结婚"，指的是新郎、新娘手拉着手喜结连理。可是在古时候，新郎、新娘虽然是这场婚姻的当事人，但是在婚姻中受到更重要影响的是两家父亲的关系。好比说老王的儿子娶了老李的闺女，在古代就是老王和老李这两个老头"结婚"了。所以，人们也常把结婚说成"结亲家"。

刘邦是"婚"，项伯是"姻"

　　我来讲个真实的老头结婚的故事来佐证这一说法。汉高祖刘邦能够在鸿门宴上安全脱险，全靠项羽身边的一个人帮忙。这个人就是项羽的叔父——项伯。在鸿门宴开始前，项伯就在项羽面前替刘邦说好话，阻止了项羽直接发兵攻打刘邦；在鸿门宴上，项伯又挡住了项庄舞剑，不给项庄刺杀刘邦的机会。项伯为什么会这样帮刘邦呢？对项伯来说，刘邦难道比他大侄子项羽还亲吗？

　　这是因为在鸿门宴头天晚上，项伯知道项羽马上要对刘邦发动攻击，项伯想救自己的朋友张良的命，所以连夜去刘邦军营通风报信。张良是刘邦的军师，非常聪明机智。他一见项伯来了，赶紧拽着他去见刘邦。刘邦见了项伯，就好比在绝境之中突然抓住了一根救命稻草，连忙低声下气地说好话。张良在边上使劲儿撮合，刘邦就向项伯提议："老哥，我们两个结个婚姻如何？"注意，这可不是两个糟老头子要拜堂成亲。古书上解释：新娘的父亲叫作"婚"，新郎的父亲叫作"姻"。"结婚"是父母之命，两家的爸爸谈好了婚事，这两位爸爸就结成婚姻了。所以，项伯在鸿门宴上帮刘邦可不是胳膊肘往外拐，他跟刘邦在头一天晚上刚结的婚姻，是"新鲜出炉"的亲家，能不帮衬着吗？

　　读完这一篇，你应该不仅明白了汉字"婚"和"姻"背后的故事，也了解了很多中国古代婚姻的民俗。你可以对比自己参加过的婚礼，看看有什么不一样的习俗。

词性解析

婚

1. 名词，本义，妇家。古时，新娘的父亲也称为"婚"。

《释名》："妇之父曰婚，言婿亲迎用昏，又恒以昏夜成礼也。"

2. 名词，婚姻关系。

《史记·项羽本纪》："沛公奉卮酒为寿，约为婚姻……"

3. 名词，通过婚姻结成的亲戚关系。

婚家、婚族。

4. 动词，结为夫妇。

《孔雀东南飞》："云有第五郎，娇逸未有婚。"

5. 动词，特指男子娶妻的事情。

完婚、成婚。

姻

1. 名词，本义，女婿家。古时，新郎的父亲也称为"姻"。

《尔雅》："女子之夫为婿，婿之父为姻，妇之父为婚。"

2. 名词，因婚姻结成的亲戚关系。

姻亲、姻党。

3. 名词，婚姻关系。

姻缘、联姻。

40

道可道，德非德

　　人活在世上很要紧的一件事就是讲道德，没有人会喜欢不讲道德的人。如果一个人被别人指着鼻子骂"缺德"，那这个人就无法在社会上立足，用现在的话说就是"社死"了。但是，"道德"这个词很抽象，它在我们生活中到底意味着什么呢？这一篇，我们就从了解"道"和"德"这两个字的造字过程入手，探究中华民族传统美德的底色。

中国有一部奇书——老子写的《道德经》。老子讲的"道"和"德"都特别玄乎，不容易理解。《道德经》中有很多名句，比如"道可道，非常道"，再比如"上德不德，是以有德"，这些话都会让普通人听后犹如堕入五里雾中。老子讲的"道"和"德"究竟是什么意思呢？在老子的思想中，道和德是支配天地宇宙的神秘本体。老子的思想影响深远，到了东汉时期，中国土生土长的宗教就取名叫"道教"。

道究竟是什么东西呢？其实，道的本原并没有多么玄乎，我用汉字就能掀开道的神秘面纱。"道"字在古汉字里有两种字形。这两种字形都是形声字，声旁一样，但是形旁有一点儿小小的区别。

金文"道"字　　　　战国文字"道"

　　请你仔细观察插图中"道"的两个古汉字字形：相同的声旁是保留到现在的"首"字，而形旁呢，一种写成了"行"字，另一种写成了"彳"加一个"止"字。我在这套书的其他篇章中讲过："首"指的是脑袋；"止"最初指的是脚丫子；"行"字的写法就是一个十字路口，也就是大路的意思；而"彳"代表的意思也与道路有关。我们由此可以看出，古汉字"道"的两种不同形旁表达的是同一个意思，就是"道"字最常见的意思——道路。

　　道路跟道德有什么关系呢？我们要弄明白传统道德的真谛，必须先搞清楚"道路"这个意思是怎么来的。

　　大文豪鲁迅先生有一句名言："其实地上本没有路，走的人多了，也便成了路。"有时候，我们会看到一个不文明的现象：原本平整的草坪被人硬生生地踩出一条路来。但是古代的情况大不相同：到处都是荒草和泥泞，所谓的道路就是由人的脚底板踩出来的。第一个人踩出一行脚印，后面的人就沿着前面的人的足迹走，荒草和泥泞被人踩得多了，就踏出一条小道来了。所以，"道"这个字的本义就是特别强调"要跟从前人的足迹"。而"道德"指的是人类社会长久以来形成的行为规范，比如尽忠爱国、尊老爱幼、清正廉洁。

　　"道路"的"道"是跟着前人的足迹走，而"道德"是遵从古人的传统做人做事，这两层意思是紧密相连的。我们现在提倡继承和发扬传统文化，最重要的意义就是要继承和发扬中华民族自古以来的美德。

　　古人的"道"也跟传统有关系。历史上评价一个皇帝好，就说他是"有道明君"；评价一个皇帝坏，就说他是"无道昏君"，这跟传统大有关系。古书上都强调"先王之道"，其实就是在强调王朝的开创者为后代子孙树立的规范是不容破坏的。

"先王之道"与《贞观政要》

为了帮助你理解这个知识点，我来给你讲个有关先王之道的故事。

唐太宗李世民是大唐盛世的奠基人，后来还是历代帝王学习的楷模。到了曾孙唐玄宗的时代，大唐王朝走向了极盛。唐玄宗李隆基志得意满，原来励精图治的意气都消磨光了，成天只知道跟杨贵妃在后宫缠绵，把国家大事都交给口蜜腹剑的奸臣李林甫和骄奢淫逸的国舅爷杨国忠处理。有一位叫吴兢（jīng）的大臣眼看着玄宗皇帝沉迷声色，把先王创业的辛苦全抛在脑后，就想了个法子劝谏。吴兢发挥自己熟悉历史的特长，把当年唐太宗李世民跟贤臣魏徵等人关于治国的言行逸事编成了一本书，进献给唐玄宗。

这本书就是后来被尊为天下第一政书的《贞观政要》，是中国后代的君主学习政治的模板，甚至日本、朝鲜的封建君主都把《贞观政要》当成治国秘籍。

吴兢希望唐玄宗读了《贞观政要》以后，能不忘曾祖父李世民的榜样，重贤臣远小人，以天下苍生的福祉为己任，把唐朝的盛世一直维持下去。可他没想到竟事与愿违——躺在盛世功劳簿上的唐玄宗不仅没有学习唐太宗虚怀若谷、从谏如流的风范，反而认为吴兢有指桑骂槐的嫌疑，以书中内容不当为罪名处分了吴兢。没过几年，安史之乱爆发，忘记了祖宗教诲的唐玄宗只好仓皇出逃四川，大唐盛世从此画上了句号。

中国古代政治都特别强调"学先王之道，修先君之业"，前人的成功经验就被总结成了规律和法则。老子的"道"其实就是规律和法则的意思。归根结底，玄而又玄的"道"就是对自然界和人世间经验传统的总结。

从意义上讲，"道德"这个词其实偏向于"德"这个字。什么叫"德"呢？它的意思要比"道"字简单直接多了。

金文"德"字

我想你应该能从插图中看出"德"的古汉字里有"彳"，还有一个大眼睛吧。可是在这只大眼睛上还有一竖，这代表什么呢？这个加了笔直的一竖的眼睛，其实就是"正直"的"直"。"直"字是个会意字，表示眼睛看东西时视线是直的。

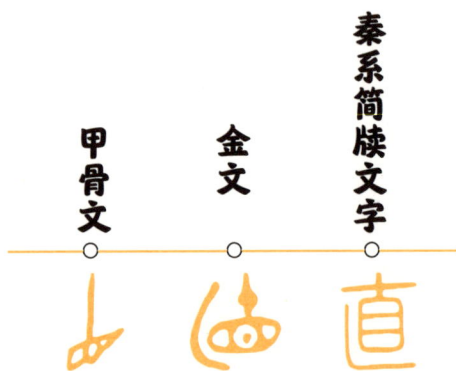

甲骨文　金文　秦系简牍文字

"直"字的演变过程

"直"字后来在楷书的"德"字里发生了变形，本来应该是站直了写才对，可不知发生了怎样的变化，这个"直"字就躺平了，现在一般人都认不出来它的本来面貌，也不知道"直"就是"德"字的声旁。

悳 德

这两个字都是"德"

"直"不仅是"德"字读音的来源，"直"跟"德"的精神本质还大有关系。古汉字"德"在演变的过程中又加上了一个"心"，用来表示跟人的内心有关。"直"加上"心"，既是一个形声结构，也是一个会意结构，它的意思就是人的内心要正直。一个正直的人，一定是一个有德之人。

孔子眼中的"直"与"德"

不过，人怎么做事才算正直呢？古人有不同的看法。在春秋时有一个人叫"直躬"，他的名字里有"直"，他的行为也被人称赞为特别正直。他做了一件事让地方上的长官都直夸他。直躬做了什么事呢？原来，直躬的爸爸偷了人家一只羊，准备回家宰了给一大家子解解馋。本来直躬也能分到一碗肉，可是他不仅不愿沾这个好处，还挺身而出揭发自己老爸的偷窃行为。这种大义灭亲的行为，你认为算不算正直？

有人不赞成直躬的做法，而且这个人不是等闲之辈，而是历史上一位了不起的老人家——孔子。孔子听了直躬的事迹，摇摇头说："在我家乡，正直可不是这样的。子为父隐，父为子隐，这么做才是真正的正直。"两千多年来，孔子的意思一直被人误解，人们以为孔子说的"子为父隐，父为子隐"是父子互相包庇、互相隐瞒的意思。实际上，孔子所说的"隐"是父子之间在日常生活里就要注意端正自己的行为，一个家庭如果修身齐家做到位了，就不可能发生盗窃和揭发这种纠纷了。

孔子还有一句著名的话："道之以政，齐之以刑，民免而无耻。道之以德，齐之以礼，有耻且格。"这可以用来当"子为父隐，父为子隐"的补充说明。孔子的意思是说：如果一味地以法令、刑罚来约束管理老百姓，老百姓最后都不会以犯罪为耻，只会成天钻法律的空子；想要让百姓都有羞耻心，都以当一个正派、正直的人为荣，那就必须用道德和礼仪来教化百姓。

在孔子看来，"直"和"德"是不能被一分为二的。正直不只是以法律为裁判的准绳，更加重要的是符合人们对道德的诉求。

在这一篇中，我们通过了解汉字的结构知识，学习了"道"的本义是强调遵循传统，"德"的本义强调要有正直的品质。现在你对"道德"的本质有没有更加深入的理解呢？人有了道德，还要讲仁义。在下一篇中，我们就一起去看看五行中的"仁义"背后的汉字故事。

词性解析

道

1. 名词，供行走的道路。

《史记·陈涉世家》:"会天大雨，道不通，度已失期。"

2. 名词，正义。

《孟子》:"得道者多助，失道者寡助。"

3. 名词，道教的教义。

《华山女》:"豪家少年岂知道，来绕百匝脚不停。"

4. 名词，道士。

《世说新语》:"阿兄形似道，而神锋太俊。"

5. 名词，细长的痕迹。

画了一红道。

6. 名词，路程。

远道而来、道阻且长。

7. 名词，方法。

《过秦论》:"深谋远虑，行军用兵之道，非及向时之士也。"

8. 名词，水流通的途径。

河道、水道。

9. 名词，学术或教义。

《孟子》："陈良，楚产也，悦周公、仲尼之道，北学于中国。"

10. 动词，宇宙运行的规律。

《师说》："师者，所以传道受业解惑也。"

11. 名词，方向、志向。

《报任安书》："此人皆意有所郁结，不得通其道，故述往事、思来者。"

12. 动词，讲、说。

《桃花源记》："不足为外人道也。"

13. 动词，经过。

《史记·项羽本纪》："沛公则置车骑，脱身独骑，与樊哙、夏侯婴、靳强、纪信等四人持剑盾步走，从郦山下，道芷阳间行。"

14. 动词，引导。

《论语》："道之以德，齐之以礼，有耻且格。"

15. 动词，认为。

《水浒传》："刘太公惊得呆了，只道这早晚正说因缘劝那大王，却听的里面叫救人。"

16. 量词，用于长条形的东西。

三道杠、一道金光。

17. 量词，用于关卡式的东西。

一道闸门、一道院墙。

18. 量词，用于分程序、分步骤的东西。

一道命令、一道程序、一道题。

19. 介词，由、从。

《汉书》："诸使者道长安来，为妄言……"

41

揭开"仁""义"的面纱

这一篇讲的五行中的"行"字读"héng"。"行"字本身有"háng""hàng""héng""xíng"四种读音，作为伦常规范的"五行"，虽然读音与代表金木水火土的"五行（xíng）"不一样，但是汉字写出来却是一模一样的。我们现在就来一起探寻关于"五行"中仁与义的汉字故事吧。

古人认为，"五行（xíng）"是构成物质世界的基本元素，而"五行(héng)"则是古人精神世界中的五大支柱。这五大支柱，有时又叫"五常"，最通行的说法就是：仁、义、礼、智、信。这是古人总结的五种最基本的伦常规范。

古代的儒家认为，仁、义、礼、智、信是人类与生俱来的本质属性，是人类衡量宇宙万物的尺度。

跟金、木、水、火、土相对应的，空间有"五方"——东、西、南、北、中，音乐有"五音"——宫、商、角、徵、羽，圣人留下的经典有"五经"——诗、书、礼、乐、易。在古人眼里，仁、义、礼、智、信已然成了一切外部秩序的基础。如果没有这"五行"，古人的世界就不复存在。

我们先讲"五行"中的头两个字："仁"和"义"。有句俗话这么说："孔曰成仁，孟曰取义。"仁义几乎就是孔孟之道的中心思想。

在古书中，仁义也被推崇备至。汉朝人说"天动而施曰仁，地静而理曰义"，还说"天有阴阳，地有柔刚，人有仁义，是谓三才"，这就把仁义当成天地的象征了。可见在"五行"之中，仁义就是重中之重。

可是"仁义"这两个字究竟该怎么理解呢？这可是一个大问题，就算你有机会直接去问仁义一派的祖师爷——孔子他老人家，都未必能得到一个清晰明白的答案。

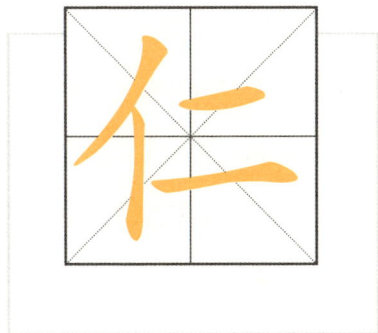

仁

樊迟问仁

孔子的弟子们也曾问老师什么是仁，我们来看看孔子是怎么回答的吧。

孔门弟子当中，有一位叫樊迟的人。樊迟这个人很有可能反应比较迟钝，所以才叫这个名字。他经常反复问同一个问题，比如在《论语》中他足足问了三遍什么是仁。耐人寻味的是，孔子三次的回答都不一样。

樊迟头一回问仁，孔子是这么回答的："仁者先难而后获，可谓仁矣。"这意思是说：仁啊，就是吃苦在先，享受在后。樊迟听了老师的解释，回去琢磨，但无论如何想不明白，过了一段时间又来问孔子什么是仁。这一回孔子的回答就简单直接多了："仁就是爱人。"然而这么明白如话的解释却让樊迟觉得匪夷所思。隔了几天，他又来问仁是什么。孔子的脾气也真是好，只要学生有问题，必定会耐心指导。但是他这次给出的答案又不一样了。孔子说："居处恭，执事敬，与人忠。虽之夷狄，不可弃也。"这句话翻译成白话就是：平时的行为举止要一丝不苟，工作的时候要认真，跟人打交道一定要忠心耿耿。就算是跟中原以外的夷狄打交道，也不能忘记这个道理。

孔子关于"什么是仁"这个问题为什么没有一个准确答案呢？不光樊迟，孔子其他的学生来问什么是"仁"，孔子每次的解释也都不一样。如此说来，两千多年后的我们究竟能不能掌握仁的中心思想呢？

汉字或许可以帮助我们。"仁"字的写法非常特殊，现在我们看它写成左半部分一个"亻"，右半部分一个"二"字。这样的搭配有什么讲究呢？

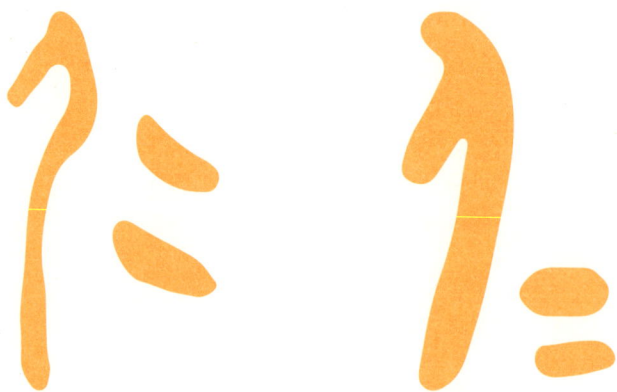

篆书"仁"字　　　　　　　　战国文字"仁"字

"亻"代表的就是"人民"的"人"字，这个好理解，可是"二"又代表什么呢？它既不是声旁，也不是标准的形旁，而是一个特殊的省略符号。你看插图中古汉字的"仁"。古人在写字的时候，如果写到重复的内容，为了省事，就在前一个字的后面加两条短横，代表重叠了。从西周金文到今天的饭店告示,这种符号一直被沿用了三千年。下面的三幅插图就能佐证我的这个说法。

第一幅图是青铜器的铭文,圆圈圈出来的地方是"子子孙孙"四个字。古人为了省事,就在"子"字和"孙"字的边上加了两横,表示这里是叠字。第二幅图是清朝雍正皇帝在心腹大臣年羹尧奏折上批的话——"朕实实想卿",这里的第二个"实"字就被写成了一个连笔的"二"字。这个连笔字后来又被人当成楷书来写,最后就变成了第三幅图:食堂告示里"谢"字下面这个字,原来就是草书连笔的"二"。

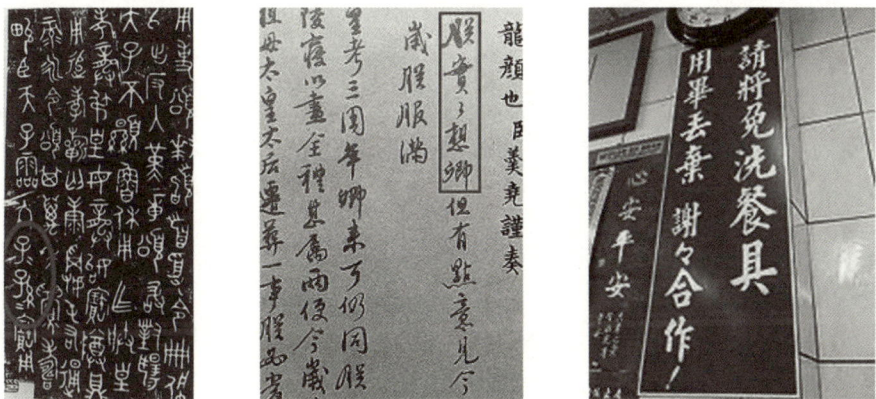

生活中叠词的写法

我们回过头来看"仁"的写法。古汉字这个"二"出现的位置跟金文"子子孙孙"里省略符号出现的位置几乎一样。所以,它并不是数字"二"的意思,而是"人"字的省略。儒家经典《中庸》说:"仁者,人也。"原来,儒家倡导的"仁"讲的就是人和人的关系。孔子说的"爱人""吃苦在先享受在后""待人要忠心耿耿",这些都是在教导樊迟怎么处理好人和人之间的关系。人与人之间的关系和谐了，自然就不会再有尔虞我诈、损人利己的事情发生。孔子的理想就是建立起一个人与人和谐相处的大同社会。对应着这个伟大理想，"仁"就得照顾到人世间方方面面的关系。因此，在孔子对学生的教导中，"仁"字并没有刻板统一的解释，"仁"就是关于与人相处的终极智慧。

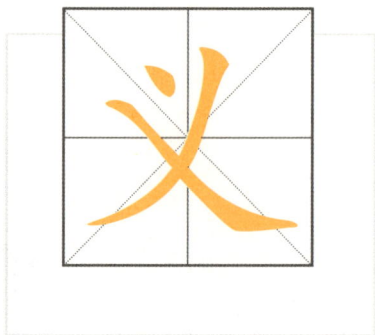

舍生取义

"舍生取义"是出自《孟子》的一个成语。孟子为了说明"义"的重要性，打了一个比方。他说："鱼和熊掌，都是人爱吃的美味菜肴，可是当人无法同时选择鱼和熊掌的时候，一般人总会舍弃廉价的鱼，而选择属于山珍之味的熊掌。同样，生存和义，都是人十分看重的事情，当人无法同时选择生存和义的时候，人也会为了更加崇高的义而抛弃自己的生命。"

这值得人为之舍弃生命的义究竟是什么呢？说到这个"义"字，那就不得不提被称为"忠义千秋"的楷模——三国时的关羽了。经过罗贯中在《三国演义》中的一番妙笔生花，关羽一直被中国人当作"义"这个字的化身。那么在关羽身上，"义"是如何体现的呢？关羽对待自己的大哥刘备，用一个"忠"字可以概括；而讲到关羽的义气，就要讲讲他跟曹操的故事。

关云长义释曹操

话说刘关张桃园三兄弟在徐州被曹操击溃，关羽为了保护大哥刘备的家人，不得已投靠了曹操。曹操使尽各种笼络的手段，都没能收买关羽。后来关羽封金挂印，千里走单骑，过五关斩六将，与桃园兄弟重聚，被传为千古美谈。可是到了赤壁大战，孙刘联军大破曹军。曹操率领残兵败将逃到华容道，被埋伏在此的关羽截住了去路。曹操眼看小命不保，只好低声下气地向关羽讨饶："关将军还记得当年曹某的恩情否？"关羽心想，当初曹操对自己礼贤下士，如果自己直接杀了曹操，岂不是不念旧情？一番思想斗争之后，关羽情愿自己回去领受军令状一死，也要放曹操一条生路。关羽对曹操的这种担待，就称得上"舍生取义"了。

我们从"义"字的写法也能看出这个字代表的崇高美好的意思来。

现在我们看到的"义"是一个简化字，繁体的写法"義"实际是由上边一个"羊"，下边一个"我"组成的。不过，"羊"的一竖渐渐就不往下出头了。"義"是一个形声字，"我"代表的是"義"的读音。在上古汉语里，"我"和"義"几乎同音，后来才慢慢发生变化。到了现代，这两个字的读音已经相差十万八千里了。不过文字学家们经过多年研究，已经确定"我"是"義"字的声旁了。

"義"字的形旁是"羊"，"羊"代表什么呢？这个"羊"字其实是"善"字的省略。在古汉字里，"善"字的上半部分写得明明白白，就是一个"羊"字。你了解了这个"羊"字是"善"字的省略写法，就能弄清楚"義"字最早就是指善良美好的事情。成语"见义勇为"说的就是每个人都应该勇敢地去做好人好事，这样才能让世界变得越来越美好。

金文"義"字　　　　　　　　　金文"善"字

词性解析

仁

1. 名词，人与人良好的关系。

《礼记》："发号出令而民说，谓之和；上下相亲，谓之仁；民不求其所欲而得之，谓之信；除去天地之害，谓之义。"

2. 名词，古代代指有仁德的人。

仁者、仁士。

3. 名词，指事物中有恩于万物生长的事物。

《礼记》："南方者夏，夏之为言假也，养之、长之、假之，仁也。"

4. 名词，完美的道德。

《论语》："夫仁者，己欲立而立人，己欲达而达人。"

5. 名词，仁政。

《孟子》："以力假仁者霸，霸必有大国，以德行仁者王，王不待大。"

6. 名词，恩惠。

《论语》："君子笃于亲，则民兴于仁。故旧不遗，则民不偷。"

7. 名词，同情。

《天说》：“功者自功，祸者自祸，欲望其赏罚者大谬；呼而怨，欲望其哀且仁者，愈大谬矣。”

8. 名词，种子外皮内的东西。

核桃仁、瓜子仁。

9. 形容词，有感觉的。

麻木不仁。

10. 形容词，温润的。

《淮南子》：“汉水重安而宜竹，江水肥仁而宜稻。”

11. 动词，亲近、爱。

《史记·魏公子列传》：“公子为人仁而下士，士无贤不肖皆谦而礼交之，不敢以其富贵骄士。”

12. 动词，同情。

《后十九日复上宰相书》：“将有介于其侧者，虽其所憎怨，苟不至乎欲其死者，则将大其声疾呼而望其仁之也。”

13. 动词，思念。

《礼记》：“郊社之义，所以仁鬼神也……食飨之礼，所以仁宾客也。”

义

1. 名词，正确的行为、道理。

《孟子》："生，亦我所欲也；义，亦我所欲也。二者不可得兼，舍生而取义者也。"

2. 名词，情谊。

忘恩负义、情义无价。

3. 名词，意思。

词义、本义、意义。

4. 形容词，名义上的。

《洛阳伽蓝记》："隐士赵逸来至京师，汝南王拜为义父。"

5. 形容词，由志愿者组成的。

义和团、义勇军。

6. 形容词，善良的、美好的。

《诗经》："宣昭义问，有虞殷自天。"

7. 形容词，假的。

义肢。

42

"礼""智""信": 简化字与错别字

　　"礼"这个字的意义复杂程度一点儿也不亚于上一篇讲的"仁"字。在古人的眼里,"礼"和"仁"的关系有时候特别密切。在这一篇中,我们就首先来探究这个"礼"字。

克己复礼为仁

我们在上一篇讲到过孔子的学生樊迟总是问孔子什么是"仁"。樊迟在孔子所有的学生里算是学习有点儿后进的学生。不过，孔子门下最有出息的学生颜回其实也问过同样的问题："老师，仁是什么？"孔子回答颜回的话后来一直被当成儒家对仁给出的标准答案。孔子说："克己复礼为仁。"这句话是什么意思呢？颜回没有立刻明白。孔子就继续开导他："人要想达到'仁'的境界，就必须做到非礼勿视，非礼勿听，非礼勿言，非礼勿动。"原来孔子所说的"克己复礼"的意思，就是要让人战胜自己的欲望，一切行为都要以"礼"作为准则。孔子身处春秋乱世，一个礼崩乐坏的时代，他相信只要能够恢复礼制，天下就能重新回到太平盛世。

三不猿，日本木雕

孔子心心念念的礼并不只是我们今天讲的礼貌，更多的是指传说中西周的奠基者周公姬旦制定的礼制，也就是一套囊括了从政治、军事到生活、娱乐方方面面的社会制度。孔子不讲以法治国，而是一心一意地追求以礼治国。为什么礼可以用来治国呢？

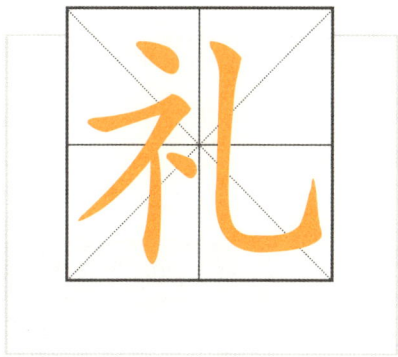

我们先从"礼"字入手讲解它的重要性。在古代，"礼"字怎么写呢？其实，我们现在写的简体字"礼"的历史比繁体字"禮"还悠久呢。《说文解字》里就记载了简体字"礼"的写法，明明白白地说了这是"古文"。所以千万别以为我们现在写的简体字都是新造的，其实很多简体字都已经有上千年的使用历史了。

小篆体"礼"字

古汉字"礼"

繁体字"禮"左半部分是形旁"礻"。我们在前面讲过,"礻"代表的意思大多跟神明、祭礼相关,"禮"字也不例外。"禮"的本义是人类向天地鬼神献上祭品、表达敬意的宗教仪式。而繁体字"禮"的右半部分也念"lǐ",它的本义就是祭祀天地鬼神的供品。你看插图里甲骨文"豊"的字形,就是在一件器皿中放着敬献给天地鬼神的玉器。另外一幅插图中的文物是五千多年前良渚文化用于祭礼的玉璧,成堆的玉器被埋在地里,代表了古人对天地神秘力量的一片虔敬之心。

甲骨文"豊"字

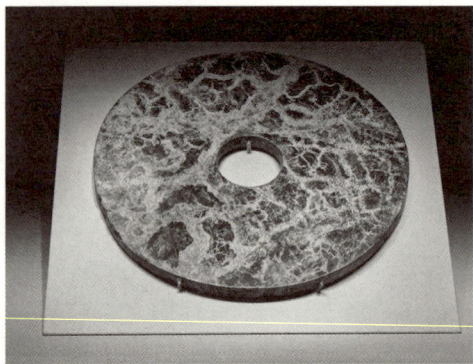

良渚文化玉璧,新石器时代晚期,中国国家博物馆藏

周王自称"天子",人间的统治秩序都要服从天地鬼神的意旨才能名正言顺,礼也因此从祭祀中要遵守的规程礼仪,转变成了国家社会人人都要服从的制度。礼制代表着"君权神授"的权威,自然也就变得无比崇高。难怪孔子要强调人的行为都得遵循礼制。在《诗经·相鼠》这首诗里甚至还有"人而无礼,胡不遄(chuán)死"的说法。这句话用今天的话来解释就是:不讲礼制的人应该立刻社

会性死亡！在现代社会，我们更要遵从古人的智慧，做一个守礼之人。

在古汉语里，"智慧"的"智"就写成"知识"的"知"。这说明一个人掌握的知识越多，就越有智慧。从前有句开玩笑的话叫作"上知天文地理，下知鸡毛蒜皮"。人们用这句话来形容一个人聪明绝顶、无所不知。那么一个人要想变得聪明、有智慧，具体应该怎么做呢？我想你大概很想知道答案吧，谁不想变得有智慧呢？

兼听则明，偏听则暗

唐太宗李世民就一心想当个贤明智慧的君主，做个好皇帝。于是他问身边最直言敢谏的大臣魏徵："朕身为君王，要怎么做才能明辨是非，怎么做会变得愚蠢呢？"魏徵对唐太宗说："陛下，兼听则明，偏听则暗。"其实魏徵是化用了古书《管子》里的意思，不过经过他这么一修改，"兼听则明，偏听则暗"就成了一句流传千古的成语。

魏徵还给唐太宗举了上古帝王的例子，比如实行禅让制的大舜四处从百姓当中听取呼声、意见，对朝野内外的动静都了如指掌，因此即便共工、鲧、驩（huān）兜这些奸臣、坏人混迹于朝廷上，也蒙蔽不了大舜，无法破坏大舜的仁政。这就是兼听则明。而偏听则暗的典型呢，就是秦二世胡亥把国家大事全交给赵高，自己成天躲在深宫里享乐，对宫外发生了什么事一概不知，结果没过多久，陈胜、吴广揭竿起义，天下分崩离析，自己也死在了赵高手里。这就是偏听则暗。魏徵劝唐太宗，如果想做一个聪明、有智慧的君主，必须随时保持信息畅通，一直倾听不同的意见和诉求。

这个意思在"智"的字形上也有生动的体现，请你仔细看插图里的金文"智"。

在青铜器上的金文里，"智"字的下半部分原来是一个代表说话的"曰"字。金文"智"的上半部分的"知"字，写法也和现在不一样。金文"知"字的左边，不是"箭矢"的"矢"，而是一个象征着人的正面形象的"大"字。而在这个正面人形的右边，是一个呼吁的"吁"字。"曰""大""吁"这三部分组合在一起，就变成了一个新的会意字——"智"。这个会意字的意思应该就是，一个人正在听取大家说话的声音。这不就是魏徵说的"兼听则明"吗？学习知识，增广见闻，都得"兼听则明"。

金文"智"字

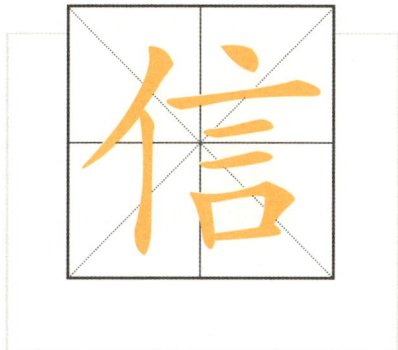

"信"是个会意字，顾名思义就是诚信，可是"信"字的写法是"亻"加个"言"，为什么把"人"和"言"两部分合在一起就能代表诚信呢？

其实，"信"字的本义跟诚信没有关系。人言为信，信其实指的是捎话的人，也就是信使的意思，所以它才有一个"亻"。不过，给别人传消息，稍有偏差，就会发生可怕的事情。

曾参杀人

《战国策》里有个著名的故事。孔子的弟子曾参是个大孝子。传说曾参出门砍柴，他的母亲在家想见他，又苦于联系不上，就想了个比现代手机还管用的"妙招"：她只要一咬自己的手指，就能让不知身在何处的曾参立即产生心灵感应，意识到母亲在咬手指，想他了。曾参只要一产生这种感应，就立刻往家跑。这就是所谓的母子连心吧。

可是有一天，曾参的母亲正在家里织布，突然有个人气喘吁吁跑进屋对她说："你儿子杀人了。"老太太听了这话，头都不抬，继续织布。知子莫若母啊，老太太相信自己的孝顺儿子不会杀人，这一定是假消息。过了一会儿，又有一个人来家里说："曾参杀人了。"老太太这回心里咯噔一下："哟，怎么回事啊？"她心里犯起嘀咕来了，可是手上还继续织着布，故作镇定。又过了一会儿，第三个人来报信："不好了，曾参在外头杀人了！"老太太一听这话，赶紧颤颤巍巍地站起身，翻墙逃走了，生怕官差和仇人找上门来。最后事情水落石出，杀人的不是孝子曾参，而是城里另一个同名同姓的家伙。虽然是假消息，但如此误传三回，就算是深深了解儿子的老母亲也会误信人言。

一个人帮人传消息的时候，如果不搞清楚事实情况，传递的内容不准确，就变成散播谣言了。谣言真有可能会害死人的。所以，古人就非常严格地要求传话的信使一定得诚实。正是从这一点出发，"信"的意思后来就慢慢从信使变成诚实可信的意思了。

诚实是一个人最重要的品质。对统治者来说，诚实就是立国之本。孔子说："自古皆有死，民无信不立。"这句话的意思是如果国君没有诚信，那么老百姓就再也不会听从他的话，国君的统治就会走向末路。

词性解析

信

1. 形容词，诚实的。

《左传》："牺牲玉帛，弗敢加也，必以信。"

2. 形容词，真实的。

《老子》："信言不美，美言不信。"

3. 动词，相信。

《石钟山记》："余固笑而不信也。"

4. 动词，守信用。

《过秦论》："此四君者，皆明智而忠信，宽厚而爱人，尊贤而重士，约从离衡，兼韩、魏、燕、楚、齐、赵、宋、卫、中山之众。"

5. 名词，信用。

《老子》："其精甚真，其中有信。"

6. 动词，知道。

《蝶恋花》："早信此生终不遇。当年悔草长杨赋。"

7. 名词，盟约。

《左传》："凡诸侯即位，小国朝之，大国聘焉，以继好、结信、谋事、补阙，礼之大者也。"

8. 名词，凭证。

《战国策》："今行而无信，则秦未可亲也。"

9. 名词，代指传递重要消息的人。

《世说新语》："公卿将校当诣府敦喻，司空郑冲驰遣信就阮籍求文。"

10. 名词，来自外界的消息。

信息、通风报信、信鸽。

11. 名词，写在纸上的消息。

挂号信、平信、匿名信。

12. 副词，随意地。

《琵琶行》："低眉信手续续弹，说尽心中无限事。"

13. 副词，准确地。

《梦游天姥吟留别》："海客谈瀛洲，烟涛微茫信难求；越人语天姥，云霞明灭或可睹。"

43

"死""亡""丧": 古人的避讳

　　无论谁都躲不开生、老、病、死这些自然的规律。古人感慨："死生亦大矣。"这话的意思是，自古以来，出生和死亡都是人生的头等大事。我在其他篇章中讲过生育的"育"字的字形变化堪称一场宝宝出生的直播。那么关于死亡的汉字背后又有什么故事呢？我们现在就一起来通过汉字，探究神秘莫测的死亡在古人眼里究竟意味着什么。

死

　　"死"这个字真是让人看一眼就没有好印象。按照现在楷书的写法，"死"字好像是由一个"歹徒"的"歹"字罩着一个"匕首"的"匕"字。歹徒攥着匕首，这不就是凶多吉少吗？我们千万别凭自己的主观臆断胡乱猜字。经过几千年的演变，汉字的面貌早就发生了翻天覆地的变化，用现代字形来解释汉字的原义，十有八九会出错。要弄明白"死"这个字的结构，一定得从古汉字"死"的字形溯源。我们一起来看看下面插图中几个甲骨文的"死"字，再来了解"死"的本义是什么。

甲骨文"死"字

甲骨文中的"死"字，有一部分是个人形。你看最右边的这个甲骨文，人的脑袋都耷拉下来了，死气沉沉的。"死"字的另一部分，其实是"裂"字最早的写法，根据文字学家的说法，甲骨文"裂"的写法就是把一根楔子打进一块木头，让木头裂开的样子。那么一块裂开的木头加一个死气沉沉的人，这种会意代表什么呢？

有个成语叫作"行将就木"，字面的意思就是说一个人快要到木头里去了，其实是说这个人快要死了。这个木头指的是棺木。用棺木封葬死人的风俗起源很早，古书《墨子》提到大禹在临死前，要求一切从简——不要为自己办豪华的葬礼，切忌铺张浪费。但是，如果你去参观过西安秦始皇的陵墓，你就会发现这座陵墓中的陪葬品兵马俑都是世界最高级的文物，哪怕是地面堆的土都跟一座座小山似的。大禹的功绩比起秦始皇毫不逊色，可大禹只要求给自己准备一口三寸厚的桐木棺材，给他穿平时的衣服下葬。大禹也不要高高的坟头，让人把挖坟挖出来的土回填，跟田头修田埂差不多就行。跟秦始皇相比，大禹真是一位爱惜民力的圣贤，可即便如此，一口薄皮棺材还是不能省的。

现代考古学家发现中国南方地区有很多悬棺遗迹，说明曾有很多古人把棺材搁到了悬崖上。

悬棺

这种奇特的埋葬死人的风俗非常古老，在南北朝的古书上就已经发现悬棺的记载。但是，古人都不知道祖先是怎么把棺材吊上悬崖断壁的。考古学家推断，这些悬棺是南北朝之前很久很久就被放在悬崖上的，所以，这些悬棺可算得上是最古老、最原始的棺材实物了。

现代的考古学家研究发现，这些古人的悬棺很多是把一根整木头劈成两半，当中掏空，把尸体放进去以后，再让上下两半严丝合缝。这种制作棺材的手艺，就跟甲骨文"死"字的字形，即用楔子劈开木头的样子差不多。我们从这些古代风俗就能推测，"死"这个字的造字本义就是一个人行将就木，躺进棺材的样子吧。

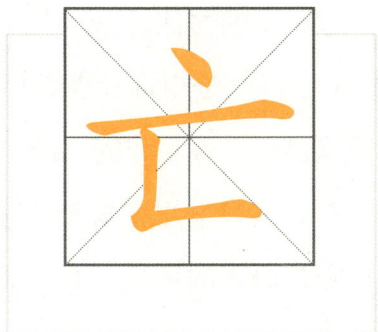

在现代汉语里，"死"和"亡"这两个字常常连在一起说，死者也被称为"亡者"。不过，在古汉语里，"亡"并没有行将就木的意思。

晋公子重耳之"亡"

春秋时候，年轻的晋国公子重耳在列国逃亡。"逃亡"显然不是死亡的意思，不然，春秋五霸可就凑不齐数了，可见"亡"字的本义与死亡无关。

金文"亡"字

在殷商文字里，"亡"字的写法像在一把刀的边上画了一个圆圈。"亡"字是一个指事字，就是用符号重点指出刀刃锋芒的位置，所以"亡"字的本义其实就是"锋芒毕露"的"芒"。但是后来这个字因为读音跟"亡"一样，古人就用它来表示逃亡的意思了。因此，"锋芒"的"芒"就只好在原来的字形"亡"的上面戴个"草帽"，变成有"艹"的"芒"了。

那么，逃亡跟死又有什么关系呢？这是人类文化中一种很常见的语言行为——避讳。在现代语言中，死有很多替代的说法，比如说"人没了""人走了""逝世了""过身了""往生极乐了""驾鹤西游了"……这大都是因为人们觉得死不吉利，或者提到死就伤心，所以用一些委婉的说法来代替"死"这个字。"亡"原本有逃亡、远走高飞、离得远的意思，在人们心中，一个人死了就好比出了远门再也不回来了，因此"亡"就是避讳"死"的一种委婉表达。

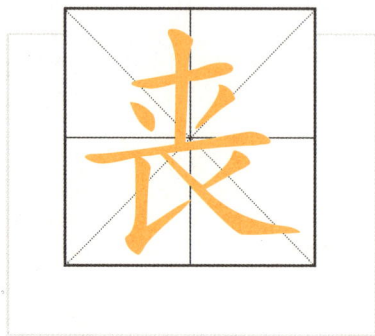

丧

"丧"字和死亡的关系也很密切。现在的"丧"字可以读平声"sāng"，也可以读去声"sàng"，意思不一样：读平声"sāng"，就是丧事、丧礼的意思；读去声"sàng"呢，就是丧失的意思，也就是东西不见了。这其实也是出于避讳：人死了，就好比一件最重要的东西丢失不见了。

古代有个著名的典故——"丧家狗"。"丧家狗"的"丧"应该读平声"sāng"，本来说的是办丧事人家的狗，可很多人都把"丧"读成去声"sàng"，那意思就变成没有家的狗了。所以你可千万别把"丧"字的读音搞混了。

"丧"字在表示丧礼的时候读平声"sāng"，据说跟蚕宝宝吃的桑叶有关，你可以从古汉字"丧"中看出一点儿端倪。最早的"丧"字被写成一棵长满桑叶的桑树。这个字形里面有什么特别的讲究呢？

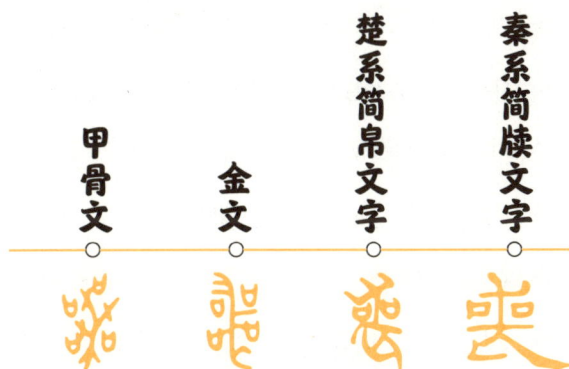

"丧"字的演变过程

马头娘、白马和蚕

在三皇五帝之一的高辛氏的时代，有户人家的父亲被征兵，到前线打仗去了，很久都没有回家，生死未卜。家里的小女儿非常担心父亲的安危，却无能为力。这户人家养了一匹大白马。小姑娘在喂马的时候就常常向马诉说自己的心事。她说："大白马呀大白马，你要是能把爹爹找回来，我就嫁给你。"谁知道大白马好像听懂了人话，突然奋蹄而起，挣脱缰绳就跑了。过了一阵子，大白马真把姑娘的父亲从战场上给驮回来了。经历了一场波折，父女终于团聚了。

大家都觉得这匹白马太神奇了，立下了了不起的功劳，就给它加了很多草料。但是，大白马却一口草料都不吃，成天郁郁寡欢。父亲觉得很奇怪，小女儿这才把自己给白马许的愿告诉了父亲。父亲一听，立刻断定家里出了妖怪，就用毒箭射死了白马，还剥了马皮晒在院子里。

小姑娘跟朋友们在院子里玩儿，又说起这件事，还对着马皮说："你是因为痴心妄想，才落得这个下场。"怪事发生了，院子里突然起了一阵风，马皮随着这阵风飞了起来，紧紧裹住小姑娘的身体飞走了。家人赶紧到处寻找，最后在一棵桑树上发现了被马皮裹住的小姑娘。她的身体慢慢变化，最后变成了一条脑袋像马头的白虫，也就是吃桑叶吐丝的蚕。她说话不算话，喜事变丧事了。"桑"和"丧"谐音，就是这个"马头娘"故事的来源。

词性解析

亡

1. 动词，逃走，读 wáng。

《史记·陈涉世家》："今亡亦死，举大计亦死；等死，死国可乎？"

2. 动词，死去，读 wáng。

《资治通鉴》："今刘表新亡，二子不协，军中诸将，各有彼此。"

3. 动词，丢失，读 wáng。

《史记·屈原贾生列传》："……兵挫地削，亡其六郡，身客死于秦，为天下笑，此不知人之祸也。"

4. 动词，灭亡，读 wáng。

《六国论》："是故燕虽小国而后亡，斯用兵之效也。"

5. 动词，外出，读 wáng。

《论语》："孔子时其亡也，而往拜之，遇诸涂。"

6. 动词，沉迷于酒宴，读 wáng。

《孟子》："从流下而忘反谓之流，从流上而忘反谓之连，从兽无厌谓之荒，乐酒无厌谓之亡。"

7. 动词，通"忘"，不记得，读 wáng。

《列子》："知而亡情，能而不为，真知真能也。"

8. 形容词，过去的，读 wáng。

《木兰花慢》："追亡事、今不见，但山川满目泪沾衣。"

9. 动词，通"无"，没有，读 wú。

《列子》："河曲智叟亡以应。"

44

"祭""祀":
古人究竟有多信神

《论语》里有句名言："慎终追远，民德归厚。"这句话可以说是中国文化非常重要的一抹底色。慎终追远的意思是说，对于生命终结的丧礼一定要郑重其事地来办；对于已经远离我们的祖先，一定要时时在心里怀念他们，如果能做好这两件事，百姓的道德就会一直保持朴实的本色。从两千多年前一直到现在，中国人始终没有忘记这句教导，每年的清明、冬至，各地百姓仍有扫墓祭祖的风俗。另外，在夏天的农历七月十五，还有过年的时候，很多地方的百姓也会祭祀祖先。

古时候，祭祀的仪式比现在更隆重。《左传》里有一句话："国之大事，在祀与戎。"这句话的意思是，春秋时代的国家有两件大事，一件是军事、国防、打仗；另一件就是祭祀了。祭祀不光是国家大事，还跟儒家倡导的中心思想"仁"大有关系。

仲弓问仁

孔子有一个很受器重的弟子，名叫仲弓。孔子曾经夸奖他有独当一面治理国家的才干。仲弓问老师什么是仁，孔子因材施教，就用管理国家的方法来开导他。孔子说："出门如见大宾，使民如承大祭。己所不欲，勿施于人。在邦无怨，在家无怨。"孔子告诫仲弓的意思是：每次出门都要像去会见重要的宾客一样恭敬谦卑，每回差使老百姓都要像办理重要的祭祀典礼一样严肃认真。自己不愿意干的事，不要强加给别人。做到了这几点，无论是管理诸侯国，还是管理大夫贵族之家，都不会被人怨恨。孔子是在教导学生时刻不要忘记祭祀时候恭敬谨慎的态度，这样就能管理好国家了。

孔子如此看重祭祀，跟他自己的亲身经历有关。孔子从小跟母亲生活在贫民住的陋巷之中，一开始并没有接受贵族教育的机会。传说童年的孔子最喜欢的游戏就是过家家，拿着泥土做的器皿，学着大人祭祀的样子来行礼。可以说儒家圣人迈出伟大人生的第一步，就是从祭祀典礼开始的。

祭

你现在一定已经明白祭祀在古代文化中的重要地位，以及它在中国传统文化中发挥的不容小觑的作用。而"祭祀"的"祭"字，也是我们这一篇要讲的重点，这个从甲骨文时代就一直保留下来的字形遗留了许多远古的祭祀风俗。

"祭"是一个会意字，下半部分的"示"字跟鬼神有关，从原始字形来看，很像从前满族祭天用的索伦杆。凡是带有"示"的汉字多半会沾点儿"仙气"。"祭"和"祀"这两个字里之所以都有"示"字，是因为古人祭祀的对象要么是天地神明，要么是在冥冥之中保佑子孙的祖先。这里的"示"，用得恰如其分。

你乍一看"祭"字上半部分的字形，可能觉得有点儿陌生。但如果你仔细观察，你就会发现"祭"的左上角这个部分从笔画写法看，跟"月"字有点儿像，只不过现在的写法有点儿斜躺下来的感觉。"祭"字右上角其实也是我们熟悉的字形的变形——一只右手的样子。

祭

小篆体"祭"字

上页插图里是小篆字体的"祭"。"月"字做偏旁，一般不代表天上的月亮，而代表肉。所以，这几个部件放在一起的意思是，用手拿着一块肉敬献给鬼神或者祖先。我刚才说了"示"字很像满族的索伦杆。按照满族从前的风俗，人们就是把肉放在索伦杆顶部的小斗里面，让神鸟乌鸦来吃。

索伦杆，清代，沈阳故宫博物院藏

在古时候，百姓可不是天天能吃到肉的，但祭祀的时候必须有肉，这就代表人们把自己珍视的美好的东西献给了鬼神。鬼神毕竟是虚无的，自然不能像乌鸦一样来享用这些美味的肉食祭品。古人也不会让这些祭祀用的肉白白地臭掉。在祭祀以后，这些祭品就会被分给大家，一来让大家饱饱口福，二来人们在吃这些敬过鬼神祖先、沾了"仙气"的肉的时候也不忘祖先——这就符合一开头说的慎终追远的精神。人们分享祭祀时候的肉，是古代祭祀礼仪的一个环节。

孔子周游列国，只为一块祭肉

孔子之所以离开鲁国周游列国，就跟祭祀分肉有关系。孔子本来在鲁国实行大刀阔斧的改革，结果得罪了鲁国内外一大批人。孔子为了巩固国君的地位，就设计削弱鲁国大贵族们的权势，要推倒这些大贵族私人领地的城墙，不许他们搞国中之国。这个措施让大贵族恨他恨得牙根痒痒。

鲁国的改革让邻国齐国很担忧，生怕鲁国改革成功发展壮大后会成为自己的心腹大患。于是，这些痛恨孔子改革的内外势力联合起来，软硬兼施对付孔子，很快，鲁国的国君鲁定公就对孔子失去了兴趣。

孔子虽然觉得有点儿受挫，可在内心还保存了一丝希望。不久，鲁国举行了隆重的祭天大典。按照礼制，祭天的肉也是要送给孔子一份的。这天，孔子早早地穿好了正式的礼服，在家里等候国君的使者来送祭肉。可是孔子从天亮等到了天黑，都没见有人来送祭肉。看来鲁国竟然连这最基本的祭祀礼仪都不讲究了，孔子对鲁国的信

甲骨文“祭”字

心算是彻底失去了。于是，没吃上祭肉的孔子就收拾行装，带着学生们离开鲁国，到别的国家去寻找实现自己理想的机会了。

你瞧，“祭”字里面的月字旁还隐藏着这么一个有趣的历史典故呢。在更早的甲骨文里“祭”这个字里还有一些重要的历史信息在后世的文字当中消失了，但是，它却对中国人几千年来的节日文化习俗产生了深远的影响。

甲骨文的“祭”字最早没有“示”字，就是一只手拿着一块切好的肉，只不过比起小篆的“祭”字，甲骨文里多了几个小点点。这些小点点代表的是从肉上流淌下来的鲜血。在远古，比起肉来，血可能才是真正供鬼神和祖先享用的祭品。在古书当中，就有把敬献的祭品称为“血食”的说法。后来到了春秋战国时期，依然保存着“血食”的痕迹，比如诸侯国结盟，叫作“歃血为盟”，就是把鲜血涂在自己的嘴唇上，向上苍起誓；还有在铸造大型青铜器以后，要杀一头牛，把牛血涂在青铜器上，以此向神明、祖先祈求这件珍贵的青铜器可以被子孙后代永远珍藏、传承下去。更有趣的是，祭祀用的鲜血，后来变成了一个重要节庆的习俗。

你知道在过年的时候，人们为什么最喜欢用红色来烘托年味吗？其实代表节日喜庆的红色，原来就是鲜血的颜色，而我们过年庆祝的习俗，也是从祭祀变化来的。在日语当中，直到现在还在用汉字“祭”来代表各种节日的庆祝活动呢！这也算是从中国传过去的古风。在先秦时代，还没有春节过年的风俗，但是古人在年末的时候，会办一个盛大的祭祀，叫作"腊祭"。办腊祭最重要的祭品，就是从野外狩捕的动物，所以在祭祀的时候自然是少不了"血食"的。在人们眼中，红色最初只是代表敬献给天神的血液的颜色，后来人们只把红色代表生命活力的寓意保留了下来，用红色来烘托生生不息、蒸蒸日上的喜庆氛围。

汉字撷英

词性解析

祭

1. 动词，祭祀。

《论语》："祭于公，不宿肉。祭肉不出三日。"

2. 动词，使用。

祭起一件法宝来。

祀

1. 动词，祭祀。

《左传》："国之大事，在祀与戎。祀有执膰（fán），戎有受脤（shèn），神之大节也。"

2. 名词，祭神的地方。

祀坛、祀堂。

3. 名词，一代人、一世。

《与友人论为文书》：“固有文不传于后祀，声遂绝于天下者矣。”

4. 名词，商代对年的一种称呼。

《尚书》：“惟十有三祀，王访于箕子。”

古人与服饰

在中国古代，随着社会的发展，纺织技术也在不断进步，服饰逐渐从远古社会遮体、御寒的基础用品，升级为体现时代潮流和个人身份的一种符号。

古代的服饰主要包括上衣、下裳、深衣（一种上衣和下裳连为一体的服装）等。上衣下裳是商周时期古人的主要服饰，深衣则是春秋战国时期古人的主要服饰。秦汉时期，贵族男子的服饰多为上衣下裳或深衣，女子的服饰多为长裙、宽袖等。唐宋时期，贵族男子的服饰多为圆领袍、束带等，女子的服饰则有长裙、披肩等。明清时期，贵族男子的服饰多为长袍马褂，女子的服饰则有凤冠霞帔。

在古代，官员们以官服区分地位和职务。自秦朝以来，皇帝、亲王、重臣和普通文官所着官服的颜色、花纹和款式都有所不同，以此显示古代严格的等级制度。因为，儒家强调礼仪，认为人的外表与内涵相辅相成，服饰不仅能够彰显一个人的品格与道德，也是一个人身份的重要象征提示。

此外，古代服饰也体现了古代社会对于男性和女性不同角色的认知。在中国古代，女性的服饰注重装饰细节，比如在衣服上装饰很多花色、纹样、刺绣和丝带等，以增强衣服的立体感，凸显时代的审美。而男性服饰则更加注重实用性，设计简洁。这种服饰上的性别差异也反映了中国古代社会对于男女社会角色的划分。

中国古代不同民族、不同地区的服饰设计风格差异十分明显。比如，中原地区贵族的服饰具有华丽的风格，做工精致，而南方少数民族的服饰则注重实用性和环境适应性。我国少数民族的服饰普遍具有独特的审美，具有很高的辨识度，经过漫长的岁月一直流传到今天，已经成为一种地方文化特征。

由此可见，在中国的古代，服饰与古人的社会身份关系密切，它不仅仅是一种日用品，更是古人相互交流、认同的媒介。古人通过服饰可以获得社会地位、阶级身份、性别角色以及所属地域和民族等重要的信息，为与人进一步交流沟通奠定了基础。

中国传统民居

中国传统民居主要分为以下几大类。

四合院：四合院是中国传统民居的基本形式之一，由正房、东西厢房和倒座房组成，中间有庭院。院落呈"口"字形的是第一进院落；呈"日"字形的是第二进院落；呈"目"字形的是第三进院落。在完整的大宅院中，第一进为门屋，第二进是厅堂，第三进或后进是私密空间。四合院是典型的以庭院为社交中心，具有私密性居住环境的民居，通常为大家庭所居住。四合院布局规整，体现了中国传统的尊卑等级思想以及阴阳五行学说。

窑洞：窑洞是一种中国西北陕甘宁地区的传统民居，沉积了古老的黄土地文化。这里黄土层很厚，当地的百姓根据特殊的地形、地质和气候条件，创造性地凿洞而居。窑洞形式多样，有靠崖式、下沉式、独立式等等。窑洞普遍具有冬暖夏凉、防震防盗等特点。

吊脚楼：吊脚楼是一种中国南方地区少数民族的传统民居，主要分布在渝东南、桂北、湘西、鄂西、黔东南等地区，具有鲜明的民族特色。吊脚楼多依山靠河就势而建，采用木材和砖石建造，设有优雅的丝檐和宽绰的走栏，或坐西向东，或坐东向西。

吊脚楼属于半干栏式建筑，正屋建在实地上，厢房除一边靠在实地和正房相连，其余三边皆悬空，靠柱子支撑。这种设计既防晒防雨，又通风干燥，还能防毒蛇、野兽，而且可以节约空间——楼板下可放杂物。

福建土楼：福建土楼产生于宋元，是中国东南地区的传统民居之一，主要分布在福建、广东等地区。福建土楼就地取材，以石为基，以生土为主要原料，分层交错夯筑，配上竹木作墙骨牵拉，"丁"字交叉处则用木定型锚固，是出于族群安全而设计的一种自卫式的民居。古人建造福建土楼遵循了天人合一的理念，或依山就势，或沿循溪流，构建了人与自然和谐统一的特色民居。

傣族竹楼：傣族竹楼是傣族典型的民居建筑，主要分布在云南西双版纳。竹楼主要采用竹子建造，屋顶不高，用茅草铺盖，两边倾斜，屋檐及于楼板，一般不设窗户。若屋檐稍高则两侧开有小窗，后面设有一扇门。下层高七八尺，四无遮挡，具有通风干燥、防潮防虫等特点。同时，下层可以用来拴束牛马，临时存放一些不怕潮湿、虫害的物品。上层楼梯附近设有露台，转进为长方形的空间。主人一般用竹篱隔出卧室。

中国古代的车

　　大约 4000 年前，当时的薛部落便以造车闻名于世。诸多古籍都记述了奚仲造车的典故。夏启登位后不久，在攻伐有扈氏时使用了大批的驮畜、战车和运输车。据史书记载，商人已能用四匹马驾车了。殷墟出土的商代车马坑里的马车多由一车、两马、一或二人组成，人为驭手，车又由一衡、一辕、一舆、一轴、两轮等部件构成。这些马车用于日常出行、田猎、礼仪、战争等，是王公贵族身份地位的象征。周代天子的车舆制度为"天子驾六"。2002 年，洛阳发现了六匹马驾一车的遗迹，此为东周考古重大发现之一，被誉为"东周瑰宝，举世无双"。这一考古发现也有力地证明了周朝造车技术水平的高超。

　　春秋战国时期的车舆主要以独辀（zhōu）车为主，以人力或者牲畜拉动为动力。控制牲畜的部分称为"轭"。这一时期战车是战场上最重要的武器，需求量大，因此这个时期的车舆设计强调实用性、安全性，比如车舆的围栏高度越来越高，同时弱化装饰元素。

　　秦始皇统一中国后，实行了车同轨，对车辆制造的技术和工艺提出了更高的要求。秦始皇五次大规模巡游，主要是靠马车出行。如果你曾经参观过秦始皇陵，你一定会对当时的马车有深刻的印象。

汉朝的马车种类丰富：皇帝乘坐的是辂（lù）车；官吏乘坐的是轺（yáo）车；贵族妇女乘坐的是辎（zī）车，此外还有许多为某一特定目的而制作的车辆。东汉、三国时期出现了独轮车，这是一种既经济又实用的交通运输工具。

南北朝时出现了12头牛拉的大型车辆。此外，当时还出现了车身上装有石磨的车，车行磨动，行10里磨10斛（hú）。唐朝时期，车辆多以四轮为主，有较大的车厢空间，常用于贵族和官员的出行。唐末、五代十国时，三轮车出现，但没有得到推广。到了宋朝，轿子渐渐兴盛起来。这时造车技术的重点逐渐由供人乘坐转到载货运输。宋朝的大车叫"太平车"，用五至七头牛拖拉。

明朝时出现前用驴拉、后以人推的独轮车——双缱（qiǎn）独轮车。明清时期，出现了帆车，即在车上加帆，利用风力助车行进。清朝时出现了铁甲车和轿车。铁甲车有四轮，轮的直径约一尺，车厢包以铁叶，以保其安全。轿车是马车与轿子结合的产物，外形如轿，用马和骡拉挽。徐扬的《乾隆南巡图》中就画有这类轿车。

中国古代的婚礼

中国古代婚姻制度始于周朝，属于礼制的一部分。古人为婚姻制定了三大原则：父母之命、媒妁之言、同姓不婚。结婚遵循六礼程序，即纳彩、问名、纳吉、纳征、请期、亲迎。根据《礼记》记载，亲迎要求男方先到女方的家庙拜祭其祖先，然后用车接女方到男家，再举行夫妇同器共餐、饮交杯酒等仪式，才算完成结婚之礼。

到了汉代，古人认为男女是社会的阴阳两极，是一切伦理的起点，因此把婚礼看成一场盟誓般严肃的事情。汉代完整的婚礼包括婚前礼、正婚礼、婚后礼。礼服的颜色是玄黑色和纁（xūn）黄色。此时，为了辟邪，已经出现闹洞房的习俗。

唐朝的婚礼仍沿用周朝的六礼，其中纳采之物有合欢、嘉禾、阿胶、九子蒲、朱苇、双石、棉絮、长命缕、干漆等，各有不同的寓意。新娘到了新郎家后，父母辈分以下的人都要从小门出去，再从大门回来，其意是要踏新娘的足迹。新娘不仅要拜公婆、尊长，而且还要拜观礼的宾客，称为"拜客"。

宋朝时出现了相亲的雏形——议婚，由男女双方约定一个日期见面，如果男方相中女方，就在她的发髻上插上金钗，称为

"插钗"，如果不中意，则要送上彩缎，称为"压惊"。迎亲时，新郎披挂着大红花，领着花轿来到女家接亲。新娘来到男方的家门口，旁观的人有撒谷豆求吉利的做法。新娘入堂后，与新郎举行拜堂仪式——新婚夫妇共同执一牵巾拜天地、祖先、父母，然后进入洞房，夫妻交拜。新人交拜后行撒帐、合髻等礼仪。合髻就是新婚夫妇各剪一缕头发，结成同心结作为婚姻的信物。这便是"结发夫妻"一词的由来。

元朝时的婚礼具有鲜明的少数民族的特点。在这个时期，元代蒙古族形成的一夫一妻制度有一定的表现。明朝时婚礼习俗又有了新的变化。新娘着凤冠霞帔，新郎着九品官服；男方雇花轿，吹打弹唱至女方家抬新娘，女方家以"三道茶"招待；同时女方家中人要用镜子向花轿内上下前后照一遍；再点燃鞭炮、爆竹，一方面赶走轿子周围可能躲着的妖魔鬼怪，另一方面烘托喜庆祥和的气氛。最后，新娘换上新鞋，由喜娘携扶或由哥哥、弟弟背上轿。清朝民间的婚礼习俗和明朝一样。统治阶层的婚礼则比较复杂，不同等级的官员纳彩礼的标准不同，必须严格按照朝廷的要求执行。

中国古代的祭祀仪式

在我国古代，祭祀祖先的习俗是从殷商时期开始的。当时的古人认为祖先在冥冥之中影响和支配着人间子孙的命运，所以子孙需要通过祭祀活动祈求祖先保护。在祭祀的过程中，晚辈不仅对已故的长者表达敬畏，还为祖先供奉衣食。河南安阳殷墟出土的甲骨卜辞表明，殷人为祖先举行过频繁、复杂的祭祀活动。周代时，祭祖活动逐步形成礼制，历经千百年而不衰。在《诗经》中，祭祀祖先的诗歌很多。

春秋时期，祭祖内涵逐渐由对祖先的敬畏转为思念。秦汉时期，在平民的家庭生活中，祭祖变成了一种日常行为。此后，祭祖仪式经过千百年的流传和继承，虽然有个别细节的增加或者删减，但其主要的形式得到了继承发展，延续至今。

平民的祭祀活动主要在家中进行，时间多是在除夕年夜饭前后，民间称之为"接老祖宗回家过年"。人们先将香炉、香筒、烛台等祭祀用品摆放出来，将平时仔细保存的族谱展示在墙上。有的人家因不是长房没有族谱，则按照谱书的记载把自己的列位直系祖先的名讳写在一张长纸条上张挂，俗称"挂祖宗条子"或"挂谱条子"，也有的摆放木牌位。一切准备就绪后，一家的长辈首先上香摆供，然后全家人按辈分、年龄依次磕头行礼。

平民百姓家祭祀的供品一般是各色面食、水果。许多人家会专门为除夕祭祖蒸白面馒头，并在每个馒头上点一个红色的圆点。这些供品要一直摆到正月初五。

从初一到初五，人们每天早晚两次在祖先神位或者族谱前上香祭拜，直到初五晚上行完礼，才把老祖宗送走，即将族谱或牌位收归原处。

还有一些地区，人们在除夕晚上为去世不久的祖父母或父母举行祭祀仪式。比较有特点的习俗是将其生前穿过的衣服叠好摆在炕上，然后让晚辈们对着这些衣物行跪拜之礼。人们一边行礼，一边还要念叨"回家过年吧"，以此寄托对死者的思念，以及祈求祖先保佑活在世上的家人平安、健康、幸福。

后记

汉字的故事不好讲。传说、故事可以半真半假，可如果写进书里，故事就必须靠谱，千万不能误导小读者。但是，如果我把关于汉字的故事讲得等同于我平时给大学生授课时用的讲义，小读者准会读得意兴阑珊。我想如果把汉字故事讲得既靠谱又有趣，那就必须"接地气"，不能"在云端"。于是，我在动笔之前颇费了一番思量，终于想出一个好的创作角度来。

我把这套书的内容分成两个部分：一个部分是介绍汉字字形的演变轨迹，就字论字，讲清楚我们现在写的字形是怎么从看不懂的古汉字一步步演变而来的；第二个部分是从考古文物、历史民俗等不同的角度讲汉字文化，挖掘有趣的汉字故事，激发小读者的兴趣。在这套书中，这两个部分相得益彰，都很重要，但各自承担着不同的作用。

对于任何一个汉字学者来说，讲汉字的演变都是一个严肃的任务。我看过很多讲汉字的通俗读物，作者在讲关于字形的来历时常会犯两个错误：首先，他们只抄古人古书上的说法，而这些陈芝麻烂谷子的说法，已经有不少都被现代学者证明是有问题的。这些学者不知道古人虽然生活在古代，却毕竟离最初造字的年代也很久远。其次，他们的想法太天马行空，为汉字的字形赋予太多经不起推敲的阐释，夸大汉字的文化意义，忽略了汉字作为实用工具的性质。比如有些书上说甲骨文"日"字里头的一点是太阳黑子，这种缺乏根据的说法，比单纯抄古书造成的错误更离谱。

在这套书中，我所采用的材料和说法基本来自当代权威的文字学工具书和专业学者公开发表的论文，当然也有我自己多年研究文字积累的成果。简单来说，我介绍汉字历史演变主要采取了三种方法：第一，正本清源。把每一个字的古今字形串起来讲，就像展示生物进化的不同阶段一样，说清每个字的字形写法的来龙去脉，比如简体字的"头"是怎么从繁体字的"頭"变来的。第二，讲清原理。古人不是拍拍脑袋随便造汉字的，而是根据一定的原理、方法，比如象形、会意等等，来创造汉字的。我单说这些干巴巴的造字原理，肯定会让读者昏昏欲睡，所以我结合具体的例子进行了生动深入的剖析，以便让小读者在阅读的过程中潜移默化地掌握造字原理。第三，我结合古汉语的知识，把字形和字义串在一起分析。小读者通过学习汉字还可以掌握古汉语词汇语义的来源和用法，让所学的汉字知识真正能够助力文言文的学习。

我讲完汉字的字形，还要讲有趣的汉字文化故事。在创作这套

书的过程中，我非常庆幸：汉字是一部真真正正的"百科全书"，简
直可以说是上通天文，下及地理，囊括古今中外人生百态，可供我
发挥的素材太多了。书里的章节就是按照汉字涉及的不同主题内容
编次而成的。我唯一感到可惜的是，限于篇幅，我的残笔没法曲尽
汉字文化之妙。说实话，写完这套书，我还意犹未尽，很想继续创
作第二辑呢！

王弘治

2024 年 6 月于上海